마법의 수학 공식

외워라 외워! 수학 공식 풀려라 풀려! 수학 문제

동화로 읽는
마법의 수학 공식

김수경 글 우지현 그림

살림어린이

머 리 말

수학의 첫걸음은 공식에서부터 시작한다!

"으아, 대체 수학이 뭔데 날 이렇게 괴롭히는 거야? 숫자와 기호, 문제들! 보기만 해도 머리가 지끈지끈 아프다고!"

혹시 이렇게 꽥 소리를 지르고 싶지 않나요? 4학년이 된 뒤부터 수학 시간만 되면 자꾸만 졸음이 쏟아지나요? 아하, 이 책에 나오는 하라의 심정과 똑같군요. 하라는 수학 시간마다 졸고 또 졸아서 '또자'라는 별명까지 얻었답니다.

그런데 어느 날, 외계인이 나타나서 하라에게 말해요.

"수학을 잘하고 싶어? 그럼 수학 공식을 알아 둬야지. 수학 공식은 계산을 잘하게 해 주는 마법의 주문이거든. 깔끔하고 멋진 주문이지."

마법의 주문? 그래요. 수학 공식은 복잡한 수학 문제를 어디서부터 어떻게 풀어야 할지 알려주는 마법의 주문이에요.

만약 수학 공식이 없다면 사람들은 사각형의 넓이를 구할 때마다, 원기둥의 부피를 구할 때마다, 또 분수 계산을 할 때마다 어떻게 계산을 해야 할지 그때그때 새롭게 생각을 해야만 해요. 하지만 수학 공식이 있으니 그럴 필요가 없어요. 어떻게 계산하면 되는지를 공식이 다 알려주니까요.

외계인 달마의 말이 맞아요. 수학을 잘하고 싶다면, 수학 공식을 꼭 알아야 해요.

어떤 사람들은 수학을 잘하려면 원리를 이해해야지, 공식만 암기해서는 안 된다고 말해요. 과연 그럴까요? 원리를 이해해야 수학을 잘한다는 말은 분명 옳은 말이에요. 모든 공부에는 이해가 바탕이 되니까요. 하지만 그렇다고 수학 공식을 몰라도 된다는 이야기는 아니랍니다. 수학 공식을 알아두는 것도 원리를 이해하는 것 못지않게 중요해요.

'수학공식을 얼마나 외우고 있느냐'는 실제 수학 능력을 좌우해요. 특히 도형 문제는 공식을 모르고서는 풀어 볼 엄두조차 내지 못해요. 연산 문제도 계산법을 기억하지 못하면 문제를 어떻게 풀어야 할지 알 수 없어요. 마법사가 주문을 못 외우면 마법을 쓸 수 없는 것과 마찬가지이지요.

초등학교 수학 공식은 중학교, 고등학교 수학의 밑바탕이에요. 그뿐인가요? 어른이 되어서도 일상생활에서 써먹을 수 있는 중요한 공식들이랍니다. 그러니 초등학교 수학공식은 중학교에 가기 전에 꼭 한 번 정리해서 외워 둬야 해요. 머릿속에 잘 간직하고 있어야 하지요.

음, 너무 걱정 말아요. 동화 속 이야기로 들어가 하라와 함께 여행을 떠나면 수학 공식을 하나하나 정리할 수 있어요. 괴상한 외계인 달마가 도와줄 거예요. 숫자와 기호만 보면 머리가 멍해지던 하라도 달마와 여행을 떠난 뒤로는 어떤 수학 문제든 척척 풀어내는 수학 천재가 되었답니다. 자, 이제 여행을 떠날 시간이에요.

김수경

차례

머리말

들어가는 이야기 – 수학공식이 대체 뭐야? 8

제1장 도형과 공식

1. **직사각형의 둘레** : 언덕 꼭대기에 밭을 만들어라 20
2. **직사각형의 넓이** : 밭에 거름을 뿌릴 차례야 26
3. **정사각형의 넓이** : 눈 내리는 시계 광장 32
4. **평행사변형의 넓이** : 끔찍한 크리스마스 40
5. **삼각형의 넓이** : 사막여우 집의 지붕을 만들어라 46
6. **사다리꼴의 넓이** : 오아시스 예언자의 주문 52
7. **마름모의 넓이** : 마름모 행성의 특급 미녀 58
   ➡ **수학 교과서** : (4-나) 사각형과 도형 만들기, (5-가), (5-나) 평면도형의 둘레와 넓이

   정보 1 도형 영역의 공식① –초등학교 교과서에 나오는 도형 66

8. **직육면체의 겉넓이** : 우카얄리 부족의 수상 가옥 68
9. **정육면체의 겉넓이** : 오리노코 부족의 잠수함 큐브호 74
10. **직육면체와 정육면체의 부피** : 우카얄리 부족과 오리노코 부족의 전쟁 82
    ➡ **수학 교과서** : (5-가) 직육면체, (6-가) 입체도형의 겉넓이와 부피

11. **원주율과 원둘레의 길이** : 검은 성의 마법 청동거울 90
12. **원의 넓이** : 까마귀, 마법이 풀리다 96
13. **원기둥의 겉넓이** : 목성에는 달이 참 많기도 하지 102
14. **원기둥의 부피** : 목성으로 배달된 택배 108
    ➡ **수학 교과서** : (3-나) 도형-원, (6-나) 입체도형, 원과 원기둥

    정보 2 도형 영역의 공식② –중학교 교과서에 나오는 도형 116

제2장 연산과 공식

1. **혼합계산의 순서** : 물 위를 달리는 차를 조립하라 **120**
   ➡ 수학 교과서 : (4-가) 혼합계산
2. **교환법칙과 결합법칙** : 파라다이스 해변의 추격전 **126**
   ➡ 수학 교과서 : 중학교 (7-가) 문자와 식
3. **등식의 성질** : 내 생애 최고의 날? **134**
   ➡ 수학 교과서 : 중학교 (7-가) 문자와 식
4. **배수를 쉽게 알아보는 공식** : 고양이 털 속 세상 **144**
   ➡ 수학 교과서 : (5-가) 배수와 약수
5. **최대공약수와 최소공배수①** : 이로리와 다다의 대결 **152**
   ➡ 수학 교과서 : (5-가) 배수와 약수
6. **최대공약수와 최소공배수②** : 콜라와 바나나우유 공짜로 마시기 **160**
   ➡ 수학 교과서 : (5-가) 배수와 약수

   정보 3 연산 영역의 공식① -연산의 기본 **166**

7. **분수의 덧셈과 뺄셈** : 얼어붙은 산의 나라 **168**
   ➡ 수학 교과서 : (5-가) 분수의 덧셈과 뺄셈
8. **분수의 곱셈** : 독수리가 전한 소식 **176**
   ➡ 수학 교과서 : (5-가) 분수의 곱셈
9. **분수의 나눗셈** : 황금 보리와 토번의 새 왕 **182**
   ➡ 수학 교과서 : (5-나), (6-나) 분수의 나눗셈
10. **소수의 덧셈과 뺄셈** : 미로 골목 추격전 **192**
    ➡ 수학 교과서 : (4-나) 소수의 덧셈과 뺄셈
11. **소수의 곱셈** : 구덩이 파는 아이들 **198**
    ➡ 수학 교과서 : (5-나) 소수의 곱셈
12. **소수의 나눗셈** : 무스타파와 커다란 삽 **204**
    ➡ 수학 교과서 : (5-나), (6-나) 소수의 나눗셈
13. **분수와 소수의 혼합계산** : 하라의 대변신! **214**
    ➡ 수학 교과서 : (6-나) 분수와 소수의 혼합계산

    정보 4 연산 영역의 공식② -비와 비례식 **222**

 들어가는 이야기

수학 공식이 대체 뭐야?

　햇살이 맑게 빛나는 나른한 오후였다. 맛있게 점심을 먹고 났더니 5교시 수학 시간이 닥쳤다. 끔찍한 일이었다. 어째서 모든 수학 시간은 5교시에 있는 것일까? 하지만 하라에게는 문제될 게 없었다. 하라는 수학 시간을 즐겁게 보내는 방법을 알고 있었다.

　하라는 벌써부터 기분 좋게 고개를 끄덕거리며 꿈속을 헤매는 중이었다. 꿈속에서 하라는 우주선을 타고 날아가 머나먼 우주를 탐험했다. 한 행성이 하라의 눈을 잡아끌었다. 그 행성은 온통 구름으로 뒤덮여 있었는데, 신기하게도 구름이 하라가 제일 좋아하는 보라색이었다. 그러니 하라가 어찌 그 행성을 그냥 지나칠 수 있겠는가! 하라는 보라색 구름으로 뒤덮인 행성에 우주선을 착륙시켰다.

"흠. 이제야 오는군."

하라가 막 우주선에서 내리는데 어떤 목소리가 들려왔다. 하라는 두리번거리며 목소리의 주인공을 찾았다. 정말이지 희한하게 생긴 생명체가 하라를 맞이했다. 몸은 풍선처럼 둥글둥글하고, 머리는 고릴라 머리처럼 뾰족한 세모 모양인 생명체였다. 한마디로 참 못생긴 생명체였다.

"안녕? 내 이름은 하라야. 넌 이 행성에 살고 있는 생명체구나? 그렇지?"

하라 선장, 보라 행성에 안전 착륙!

안녕, 지구인!

하라는 자기가 제법 똑똑하게 첫인사를 건넸다고 자부했다.

"그래, 넌 지구인이지? 쯧쯧, 지구인이 여기까지 찾아오는 데 무려 150억 년하고도 12년이 걸렸군. 정말 지구인은 우주에서 둘째가라면 서러울 정도로 멍청하다니까."

괴상하게 생긴 생명체가 콧구멍을 후비며 말했다.

"뭐라고? 지구인이 멍청하다고? 무슨 소리야? 지구인이 얼마나 똑똑한데! 네가 나보다 더 똑똑하다는 증거라도 있어?"

하라는 벌컥 화를 냈다. 외계 생명체가 지구인을 얕잡아 보는 것은 참을 수가 없었다. 그리고 척 보기에 그 외계인이 지구인보다 똑똑해 보이지도 않았다.

그때였다. 보라색 구름을 뚫고 아주 멀리서 들려오는 목소리가 있었다.

"어이, 또자! 잠꼬대하지 말고 일어나서 삼각형의 넓이 공

식이 뭔지 말해 봐!"

아! 이건 선생님의 목소리였다.

하라는 깊고 깊은 꿈에서 간신히 헤어 나오며 한숨을 푹 내쉬었다.

"선생님, 제 이름은 또자가 아니고 하라예요."

"방금 또 자고 있었잖아! 넌 이름을 아예 '또자'로 바꿔

야 한다니까. 그나저나 삼각형의 넓이 공식이 뭐냐니까?"

하라는 아무 대답도 못한 채 고개를 푹 숙이고 서 있었다. 삼각형의 넓이 공식이 뭔지는 우주를 세 바퀴 더 돌고 와도 알 리가 없는 하라였다.

그때, 벌이 앵앵거리듯 작은 목소리가 하라의 귀를 간질였다.

"밑변 × 높이 ÷ 2."

'어? 이게 무슨 소리야? 밑변 곱하기 높이 나누기 이라니?'

하라는 귀가 간지러워서 고개를 이리저리 흔들었다. 그러다가 하라는 그것을 보고야 말았다. 꿈속에서 만난 그 못생

긴 외계인 말이다. 외계인이 반투명한 모습으로 교실 허공에 떠 있었다.

"모른다고? 그것도 모르면서 넌 수학 시간마다 자냐?"

선생님이 호통을 쳤다. 하지만 하라에게는 지금 선생님의 야단이 문제가 아니었다. 꿈속의 외계인이 현실의 교실에 나타난 것이다.

"너 뭐야? 여긴 웬일이야?"

하라는 저도 모르게 큰소리를 쳤다. 그러고는 화들짝 놀라서 허둥대다가 그만 교실 바닥에 나동그라졌다. 그 모습을 보고 아이들이 와하하 웃어 댔다. 허공에 떠 있는 외계인도 낄낄거리며 웃었다. 하라의 얼굴이 새빨개졌다.

"어휴! 정말 못 말리겠군. 넌 서서도 자냐?"

선생님이 한숨을 내쉬며 말했다.

그 순간 천만다행히도 수업이 끝나는 벨소리가 울렸다. 선생님이 교실을 나가자마자 아이들이 모두 일어나 법석을 떨기 시작했다. 교실에 먼지가 부옇게 일었다.

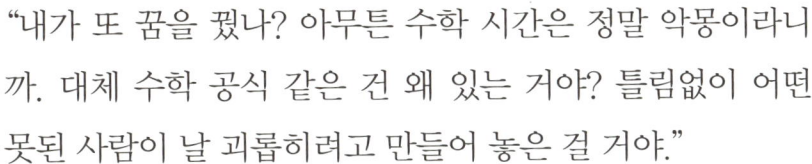

하라는 사방을 둘러보았다. 외계인의 모습은 보이지 않았다.

"내가 또 꿈을 꿨나? 아무튼 수학 시간은 정말 악몽이라니까. 대체 수학 공식 같은 건 왜 있는 거야? 틀림없이 어떤 못된 사람이 날 괴롭히려고 만들어 놓은 걸 거야."

하라는 투덜거리며 교실을 나섰다. 화장실에 가려는 참이었다.

"쯧쯧, 마법의 주문을 싫어하다니, 넌 정말 성격도 이상하구나?"

외계인의 목소리였다.

"앗! 너 아직 있었어?"

하라가 깜짝 놀라 소리쳤다. 반투명한 외계인이 하라의 오른쪽 어깨 위에 둥실 떠 있었다.

"난 아무 데도 안 갔어. 아까부터 여기 있었다고."

"네가 어떻게 여기 있는 거야? 그리고 마법의 주문이라니,

그게 뭐야?"

하라가 물었다.

"수학 공식 말이야. 수학 공식은 복잡한 계산을 간단하게 만들어 주는 마법의 주문이지."

외계인이 대답했다.

"수학 공식? 칫, 그게 뭐가 마법의 주문이야?"

하라는 곧바로 흥미를 잃었다. 수학이라는 글자만 들어가면 자동으로 머리가 멍해졌다.

"네가 몰라서 그래. 수학 공식은 널 괴롭히려고 만든 게 아니라, 바로 너 같은 애를 도와주려고 만든 거야. 물론 내가 만든 건 아니고, 수학자들이 만들었지. 만약 공식이 없다면 사람들은 그때그때 늘 새로이 계산 방법을 생각해 내야만 해. 그럼 얼마나 귀찮겠어?"

"알 게 뭐야. 계산을 안 하고 살면 되지."

"그게 어디 뜻대로 되냐? 아이스크림 사 먹고 돈 안 낼 거야?"

"그 정도 계산은 나도 할 줄 안다고!"

(너 아이스크림 먹고 계산은 안 해?)

(무슨 소리야?)

하라는 자기도 모르게 꽥 소리를 질렀다.

"음, 수학 시험이 닥치면 그렇게 큰소리 칠 형편이 안 될 텐데?"

외계인이 하라를 흘끔흘끔 보며 말했다.

"수학 시험?!"

하라는 할 말을 잃었다.

"걱정 마. 수학 공식만 있으면 문제를 쉽게 풀 수 있어. 수학 공식은 긴 계산 방법을 기호를 써서 간단하게 정리해 놓은 거야. 깔끔하고, 멋지고, 아름답기까지 하지!"

"잠깐! 그럼 아까 네가 나한테 삼각형의 넓이 공식을 가르쳐 줬던 거야?"

하라가 눈을 동그랗게 뜨고 물었다.

"응, 몰랐어? 네가 선생님한테 혼날까 봐 내가 공식을 가르쳐 줬잖아."

외계인이 풍선처럼 몸을 부풀리며 말했다.

"오오! 정말? 잘됐다. 너 진짜 수학 잘하나 보다? 앞으로도 날 따라다니면서 좀 가르쳐 줘. 난 수학 문제만 봐도 머리가 지끈지끈하거든."

하라는 흥분해서 폴짝폴짝 뛰었다. 꿈속에서는 왜 지구인을 무시하느냐며 큰소리 땅땅 쳤지만, 지금은 그럴 형편이 안 되었다. 어떻게든 저 외계인을 꼭 붙잡아 두어야 했다.

"좋아! 단, 나는 공식만 가르쳐 줄 거야. 수학 문제는 네가 직접 풀어야 해."

외계인이 몸을 더 부풀리며 말했다.

"알았어, 그것만도 고마워. 근데 넌 이름이 뭐야?"

"달마."

"달마? 이름도 얼굴만큼이나 이상하구나. 그런데 너 어떻게 내 꿈속을 뚫고 나온 거야?"

"그 정도야 식은 죽 먹기지. 11차원에서 보면 꿈속이나 실제나 다를 바 없거든."

"뭐? 11차원? 그게 도대체 뭐야?"

3차원도 아니고 4차원도 아니고, 11차원이라니! 하라는 머릿속이 뒤죽박죽이 된 느낌이었다.

"네가 당장 이해하긴 좀 힘들 거야. 알고 싶다면 수학 공부를 아주 열심히 해야 돼."

달마가 태연한 표정으로 말했다.

"끙……. 그럼 알고 싶지 않아. 근데 참 이상하네? 다른 애들은 왜 널 보고도 놀라지 않은 거지? 혹시 다른 사람 눈에는 네가 안 보이는 거야?"

"물론, 난 네 꿈속에서 나왔으니까."

달마의 말은 아무리 들어도 무슨 뜻인지 잘 이해가 되지 않았다.

"아, 모르겠다. 복잡해. 그나저나 너 여자 화장실까지 따라 들어올 셈이야?"

화장실 앞에서 하라가 살짝 눈을 흘겼다.

"아, 실례."

달마는 풍선 같은 몸매로 빙글 회전을 하며 돌아섰다.

1 직사각형의 둘레

언덕 꼭대기에 밭을 만들어라

기차는 활기차게 경적을 울리며 빠르게 달렸다. 어찌나 빠르게 달리는지 안에 타고 있던 승객들의 몸이 사정없이 왼쪽 오른쪽으로 휙휙 꺾어졌다. 하라도 그렇게 마구 흔들리고 있었다.

"어어, 이거 기차가 너무 빨리 달리는 거 아냐?"

몸이 다시 오른쪽으로 휙 꺾어지는 찰나, 하라는 재빨리 창밖을 내다보았다. 가만 생각해 보니 자기가 지금 어디로 가고 있는지, 언제 기차를 탔는지 잘 기억나지 않았다.

"히익!"

창밖을 내다본 하라는 너무 놀라 숨이 턱 막혔다. 기차가 허공 위에 놓인 철로를 따라 달리고 있었던 것이다. 조금만 옆으로 삐끗해도 그대로 탈선할 것만 같았다. 그런데 기차는 그 아슬아슬한 철로 위를 휙휙 방향을 바꾸며 달리고 있었다.

"이게 어떻게 된 일이야? 아악! 멈춰, 멈추라고!"

그 순간, 기차가 엄청난 소리를 내며 멈췄다. 끼이이익 하고 쇳덩이를 송곳으로 긁는 소리를 내면서 말이다.

"여기가 마음에 들었나 보네? 그럼 멈췄으니까 어서 내려."

어느 틈에 나타났는지 달마가 하라에게 말했다.

"앗! 너! 여긴 웬일이야? 그런데 내가 왜 기차를 타고 있었더라?"

하라는 뭐가 뭔지 정신이 하나도 없었다.

"내려. 내려서 같이 갈 데가 있어."

달마는 태연하게 말하고는 기차에서 불쑥 내렸다. 하는 수 없이 하라도 그 뒤를 따라 내렸다. 하라가 내리자마자 기차는 경적을 울리며 어디론가 떠나 버렸다.

"여긴 어디야? 여기서 뭘 할 거야?"
하라가 사방을 둘러보며 달마에게 물었다. 그곳은 높은 언덕 꼭대기였다. 언덕은 멀리서 보면 전체가 봉긋하면서도 뾰족한 모양이었는데, 꼭대기는 특이하게도 네모나고 평평했다.

"음, 여기다 밭을 하나 만들어 볼까 해. 계산을 좀 시키려고 널 데려왔지."

"뭐? 그럼 네가 날 기차에 태운 거야? 그런데 계산 이라니, 무슨 계산?"

달마는 하라에게 줄자를 하나 건넸다. 1미터 짜리 줄자였다.

그러고는 뚱뚱한 몸으로 이리저리 폴짝폴짝 뛰어다니며 밭을 만들 곳에 금을 그어 표시했다.

"자, 난 밭을 이만큼 만들기로 마음먹었어. 네가 이 밭의 둘레 좀 계산해 줄래?"

달마가 싱글벙글거리며 말했다.

"내가 왜 그 계산을 해야 하는데?"

"수학을 가르쳐 달라며? 지금이 바로 네가 수학 공식을 하나 배울 시간이야."

"뭐? 수학 공식? 그래서 날 여기로 데려왔다고? 누가 일부러 가르쳐 달랬어? 난 그냥 수학 시간에 선생님이 시키면 몰래 좀 가르쳐 달라고 한 거였다고!"

"쯧쯧, 그렇게 소극적이니까 공부를 못할 수밖에."

"뭐야? 너 날 무시하는 거야?"

"시끄러우니까 그만 꽥꽥거리고 얼른 계산이나 해. 이 밭의 모양을 봐. 네 각의 크기가 같은 직사각형 모양이지? 직사각형의 둘레를 계산하는 방법은 알고 있니?"

달마는 막무가내였다. 하라는 한숨을 푹 내쉬고는 대답했다.

"그야 뭐, 줄자로 재 보면 되잖아."

"그럴 줄 알았어. 그럼 한번 재 봐."

하라는 줄자를 들고 엉금엉금 기어 다니며 밭의 둘레를 재기 시작했다.

"이쪽이 12미터이고……. 여기는 8미터……."

또 다른 쪽 길이를 재려고 하라는 밭을 빙 돌아갔다.

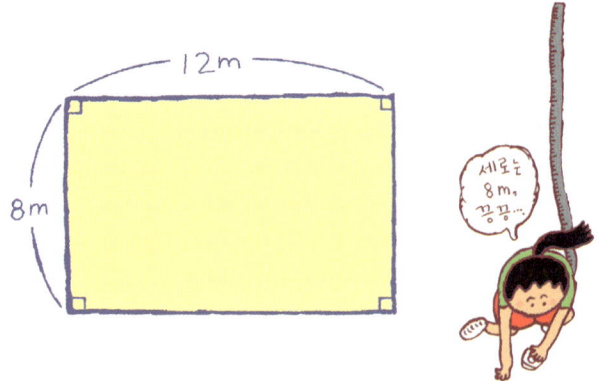

"아하, 그럼 밭의 둘레는 40미터구나."

하라가 채 나머지 길이를 재기도 전에 달마가 말했다.

"어? 어떻게 알았어?"

"쯧쯧, 머리를 좀 쓰라고, 머리를."

달마가 혀를 찼다.

하라는 얼른 줄자로 나머지 길이를 재 보았다. 그리고 길이를 모두 더해 밭의 둘레를 계산했다. 밭의 둘레는 달마가 말한 대로 40미터였다.

"공식을 이용하면 간단하다니까 그러네. 직사각형은 마주 보고 있는 두 변의 길이가 모두 같아. 가로의 길이와 세로의 길이만 알면 둘레를 계산할 수 있거든."

달마가 말하는 순간, 밭 한가운데에 직사각형의 둘레를 구하는 공식이 나타났다.

직사각형의 둘레의 길이 = 2 × (가로의 길이 + 세로의 길이)

"하아! 저게 바로 공식이란 거야?"

하라는 입을 헤 벌리고 밭에 나타난 공식을 바라보았다.

2 직사각형의 넓이

밭에 거름을 뿌릴 차례야

하라는 둘레의 길이가 40미터인 언덕 꼭대기 밭에다 울타리 치는 일을 했다. 다행히 울타리를 치는 일은 간단했다. 기상천외한 외계인 달마가 건네준 리본을 입에 물고 밭 둘레를 따라 걷다가, 네 귀퉁이마다에 말뚝을 하나씩 박고 거기에다 리본을 묶기만 하면 됐다. 울타리를 빙 둘러 치는 데 20분도 채 걸리지 않았다.

자기가 왜 달마가 시키는 대로 고분고분 그 일을 하고 있는지 하라는 알 수가 없었다. 하지만 그냥 했다. 수학 공식을 몰랐기 때문에 받는 벌이려니 생각했다. 하라는 수학 시간마다 벌을 받는 데는 아주 익숙해져 있었다.

"그럼 이제 할 일 다 끝난 거지? 그만 집으로 돌아가자."

하라는 이마의 땀을 닦으며 말했다. 이런 이상한 언덕 따위는 어서 떠나고 싶었다.

"아니, 밭 만들기는 이제 시작일 뿐이야."

달마가 씩 웃었다. 어쩐지 그 웃음이 불길했다.

"또 뭘 해야 하는데?"

하라가 볼멘소리를 했다.

달마는 어디론가 잠시 사라졌다가 커다란 자루를 들고서 다시 나타났다.

"밭을 기름지게 하려면 거름을 뿌려야 해. 난 여기에 엄청나게 커다란 복숭아가 열리는 복숭아나무를 심을 거거든. 복숭아가 주렁주렁 열리게 하려면 먼저 거름을 듬뿍 뿌려 줘야 하지. 랄랄라!"

달마는 혼자 흥에 겨워 콧노래까지 흥얼거렸다.

하라는 달마가 밭에 거름을 뿌리든지 말든지 알 바 아니라고 생각했다. 울타리 치는 일을 끝냈으니 설마 또 일을 시키지는 않겠지. 아무리 고약한 수학 선생님이라도 수학 공식 하나 몰랐다고 벌을 두 번이나 주는 법은 없었다.

그러나 달마는 수학 선생님이 아니었다. 괴팍하고 제멋대로인 외계인이었다.

"어라? 이거 봐라? 이 거름은 밭 넓이 4제곱미터당 10그램씩 뿌려야 한다고?"

달마가 자루에 쓰여 있는 글자를 읽으며 중얼거렸다. 하라는 달마가 하는 말은 제대로 듣지도 않고 먼 곳만 보고 있었다. 집으로 돌아갈 기차가 오는지 살펴보는 중이었다.

"하라, 네가 밭의 넓이를 계산해 줘야겠는데?"

달마가 툭 던지듯이 말했다.

"뭐라고?"

"밭의 넓이 말이야."

"내가 왜?"

"이 거름은 밭 넓이 4제곱미터당 10그램씩 뿌려야 한다고 써 있거든."

"그래서?"

"그러니까 먼저 밭 넓이를 알아내야 한다는 거지."

"응?"

하라는 달마를 빤히 쳐다보며 눈만 껌벅거렸다.

넓이라는 말이 무슨 말인지는 하라도 알았지만, 도대체 넓이를 어떻게 구하는지는 전혀 생각이 나지 않았다. 길이라면

줄자를 들고 다니며 재 보기라도 할 텐데, 넓이를 재는 자 같은 것도 있던가?

"넓이를 어떻게 재더라?"

하라가 우물우물 말했다.

"뭐? 직사각형의 넓이를 구하는 공식도 모른단 말이야?"

달마가 깜짝 놀랐다는 듯이 과장된 몸짓을 해 보이며 소리쳤다. 풍선같이 불룩한 배는 곱절이나 커졌고, 뾰족한 머리에 듬성듬성 나 있는 머리털들은 모두 삐죽삐죽 솟구쳤다. 그 모습을 보고 하라는 주변에 아무도 없기를 천만다행이라고 생각했다. 정말이지 그 누구와도 함께 보고 싶은 광경은 아니었다.

"정말 몰라?"

달마가 잔인하게도 다시 한 번 물었다.

"응, 몰라……."

하라는 기어드는 목소리로 대답했다. 창피해서 귀까지 새빨개졌다.

"하는 수 없지. 그럼 이 달마가 가르쳐 주는 수밖에."

달마는 한껏 잘난 척을 하며 입을 열었다.

"직사각형의 넓이를 구하는 공식은 바로 이거야."

직사각형의 넓이 = 가로의 길이 × 세로의 길이

"이제 알겠지? 밭의 넓이는 얼마?"
달마가 하라의 코앞에 고개를 바짝 들이대고 물었다.
"쳇! 그만 좀 다그쳐. 그 정도는 나도 계산할 수 있다고. 공식을 몰라서 그랬지 뭐, 계산은 쉽네. 12 × 8 = 96."
하라는 땅바닥에 숫자를 써가며 계산했다.

"오호! 맞았어. 고마워, 하라!"
달마가 크게 씩 웃었다. 하라는 어쩐지 달마의 웃는 모습이 점점 더 싫어질 것 같다는 예감에 사로잡혔다.

> **깜짝 Quiz**
> 달마가 만든 밭에다가 모두 몇 그램의 거름을 뿌려야 할까요?
>
> 정답 : 240그램

3 정사각형의 넓이

눈 내리는 시계 광장

하라는 눈을 깜박거렸다. 눈을 떴다 감았다 할 때마다 속눈썹에 차가운 눈송이가 하나씩 내려앉았다. 추웠다. 얼음덩어리 위에 앉은 것처럼 엉덩이가 시렸다. 하라는 고개를 숙여 아래를 내려다보았다. 보도블록에 눈이 소복소복 쌓여 있었다. 하라의 발끝이 쌓인 눈에 묻혀 있었다. 하라는 차가운 대리석 벤치에 앉아 있었다.

"앗, 가만! 내가 왜 여기에 있는 거지?"

하라는 퍼뜩 정신이 들어 주변을 휘휘 둘러보았다. 하라가 앉아 있는 벤치 앞으로 네모난 광장이 펼쳐져 있었다. 눈이 펑펑 내리는데도 많은 사람들이 광장을 거닐고 있었다. 광장 한가운데에는 커다란 시계탑이 서 있었다. 끝이 뾰족하고 고풍스러운 탑이었다. 멋진 조각이 새겨져 있었다. 시계탑과 광장을 둘러싼 나무들 위에 눈이 소복이 쌓인 게 꼭 크리스마스카드 속 풍경 같았다.
"와아! 크리스마스카드 같아. 산타클로스만 있으면 딱이겠는데?"
벤치에서 벌떡 일어서며 하라가 중얼거렸다.
'근데 이상하네. 방금 전까지만 해도 푸른 언덕에 있었던 것 같은데……'
"아하! 크리스마스카드 속 풍경이란 게 바로 이런 거였구나. 참 포근하고 멋진데?"
뒤에서 누군가 말했다. 돌아보나마나 달마였다.
"달마, 네가 아니면 누가 날 이런 데로 데려왔겠어? 네가 데려와 놓고 모른 척하지 마."
하라가 천천히 돌아서며 말했다.
"그럴지도 모르지. 그렇지만 크리스마스를 꿈꾼 건 바로 너였어."

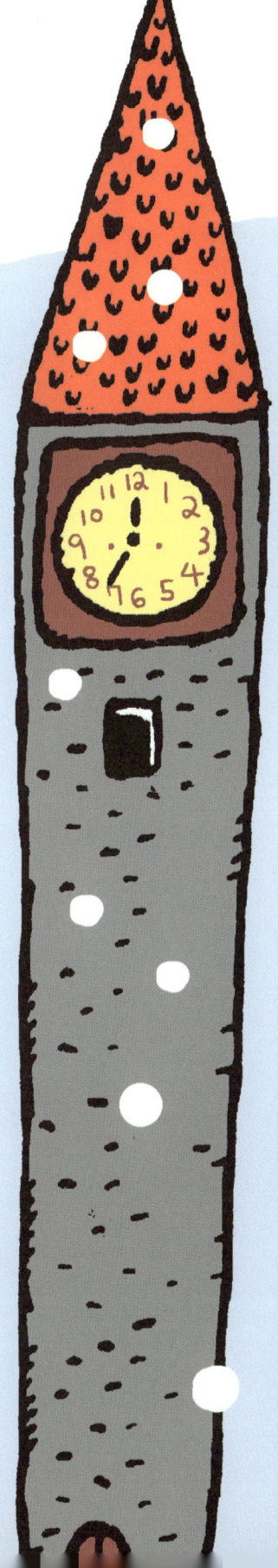

풍선 같은 배를 쓰다듬으며 달마가 대답했다.

세상에! 이제 보니 달마는 산타클로스 복장을 하고 있었다. 빨간 옷에 모자, 그리고 하얀 수염. 영락없는 산타클로스였다. 하긴 달마의 몸매는 여태껏 산타클로스로 변장하지 않은 게 아까울 정도로 산타클로스에 잘 어울렸다.

"하하하! 산타클로스로 변했네? 달마, 딱 어울려!"

하라는 달마를 빙글빙글 돌려보았다. 달마는 웃으며 하라가 돌리는 대로 빙빙 돌았다.

"산타 할아버지다!"

"와아! 진짜 산타다!"

어디선가 난데없이 유리병 한 상자가 깨지는 것 같은 소리가 들려왔다. 그러더니 한떼의 까마귀들이 광장을 가로질러 몰려왔다. 눈송이들이 사방으로 어지러이 흩날렸다. 자세히 보니 몰려오는 건 까마귀 떼가 아니라 아이들이었다. 정신을 쏙 빼놓을 정도로 어수선하고 빽빽 시끄러운 어린아이들이 떼로 몰려왔다.

"선물 주세요! 선물!"

"전 기차요!"

"난 자전거요!"

아이들은 한꺼번에 달마에게 달려들었다.

"가만! 가만! 너희들, 선물을 받고 싶으면 모두 줄 서라! 너희가 선물을 받을지 못 받을지는 모두 이 누나에게 달려 있다!"

달마가 손가락으로 하라를 가리키며 소리쳤다. 그 말이 끝나기가 무섭게 까마귀 떼 같은 아이들의 눈동자가 일제히 하라에게 쏠렸다.

"뭐? 나한테 달려 있다고? 왜?"

하라는 깜짝 놀라 눈을 둥그렇게 뜨고 물었다.

"하라! 이 광장의 넓이는 몇 제곱미터일까? 네가 답을 알아내야만 이 아이들에게 줄 선물 꾸러미가 열려."

달마가 커다란 선물 꾸러미를 높이 들어 보였다. 선물 꾸러미에는 번호 자물쇠가 달려 있었다.

"뭐야? 그런 게 어디 있어? 완전 제멋대로야!"

"흐흐, 힌트를 줄게. 이 광장은 정사각형이야. 그리고 한 변의 길이는 7미터야."

달마가 씩 웃었다.

아! 저 웃음! 하라는 이제 달마가 웃는 걸 보기만 해도 저절로 기분이 나빠졌다.

어쩔 수 없었다. 하라는 쭈그리고 앉아 바닥에 쌓인 눈 위에 숫자를 써 가며 계산을 했다.

"한 변의 길이가 7미터라고? 그럼 넓이 공식을 쓰면……. 어? 근데 가로의 길이와 세로의 길이가 있어야 넓이 공식을 쓸 수 있는데?"

하라가 고개를 갸웃거리자 하라를 빙 둘러싸고 지켜보던 아이들이 모두 하라를 째려봤다. 금방이라도 부리로 쪼아 댈 것 같은 얼굴들이었다.

"아, 뭐야? 너희들, 저리 가!"

하라는 손을 휘휘 저었다. 아이들은 그래도 꿈쩍도 하지 않았다.

"쯧쯧, 내가 정사각형이랬잖아. 하라 너, 정사각형이 뭔지는 알고 있는 거야?"

달마가 하라 옆에 쭈그리고 앉았다.

"알 게 뭐야? 빨리 정사각형의 넓이 공식이나 가르쳐 줘!"

"잘 생각해 봐. 정사각형은 네 각의 크기와 네 변의 길이가 모두 같은 사각형이잖아. 그러니까 당연히 가로의 길이든 세로의 길이든 다 똑같아."

"그럼 혹시…….
7×7인 거야?
49제곱미터?"
"오호! 생각보다
빨리 풀었는데?"
달마가 자물쇠를 풀고
선물 꾸러미를 열었다.
"우아, 선물이다!"
까마귀 같은 녀석들이 새까맣게 선물 꾸러미에 달라붙었다. 밀치고 당기고, 완전히 난장판에 아수라장이었다. 하라는 어서 빨리 이 크리스마스 카드 속에서 나가고 싶었다.

그때 달마가 뭔가를 하라에게 휙 던졌다.

4 평행사변형의 넓이

끔찍한 크리스마스

"내놔! 이건 내 거야!"
"아냐! 내가 먼저 잡았어!"
"다 저리 비켜!"

한 녀석이 다른 녀석의 팔을 잡아끌었다. 다른 녀석이 발로 차며 반항했다. 또 다른 녀석이 두 아이를 확 밀쳤다. 한 녀석이 넘어지면서 밀친 녀석을 물고 늘어졌다.

"으아! 시끄러워!"

하라는 귀를 막고 광장을 뒹굴었다.

"너희들, 선물 받았으면 그만 돌아가야지."

달마가 아이들을 뜯어말리며 말했다.

"선물이 모자란단 말이에요!"

한 아이가 코를 줄줄 흘리며 말했다.

"그래? 아이고, 미안하다. 내가 산타클로스 된 지가 얼마 안 돼서 아직 서투르단다."

달마는 급히 어디론가 뛰어갔다. 눈밭을 미끄러지지도 않고 잘도 뛰어갔다.

"하라! 어서 이리 와!"

달마의 목소리가 먼 데서 들려왔다. 하라는 소리가 어디서 나는지 알아내려고 주위를 두리번거렸다.

"여기야, 여기! 골목으로 들어와!"

마을 쪽이었다. 하라는 까마귀 떼처럼 몰려드는 꼬마 녀석들로부터 벗어나는 것만 해도 기뻐서 얼른 소리가 들려오는 쪽으로 달려갔다.

달마는 이상하게 기울어진 커다란 건물 앞에 서 있었다. 손에 또 하나의 선물 꾸러미를 들고 있었다. 이번에도 역시 자물쇠가 달려 있었다.

"설마, 또?"

"맞아, 네가 문제를 풀어야만 저 아이들에게 선물을 나눠 줄 수 있어."

"선물이고 뭐고, 얼른 도망가자. 애들 때문에 귀가 따가워서 견딜 수가 없어. 어서 여기서 나가자고. 넌 마음만 먹으면 어디든 날 데려갈 수 있잖아."

하라가 말했다. 그런데 왠지 자꾸만 뒤통수가 따끔거렸다. 뒤를 돌아보지 않을 수 없었다. 하라는 슬그머니 뒤를 돌아보았다. 으아, 어느새 뒤따라왔는지 까마귀 같은 꼬마 녀석들이 새까맣게 모여서서 하라를 노려보고 있었다.

"히익! 저리 가!"

"하라, 그러지 말고 차라리 얼른 문제를 풀어. 여기 이 벽을 봐. 이 벽의 넓이는 얼마나 될까? 자, 줄자는 여기에 있어."

달마가 이상하게 기울어진 커다란 건물의 벽을 가리키며 하라에게 줄자를 건넸다.

"뭐야? 이건 직사각형도 정사각형도 아니잖아! 이건…… 삐뚤어진 사각형이잖아!"

"이런 사각형을 평행사변형이라고 하지. 무식하게, 삐뚤어진 사각형이 뭐냐?"

"어쨌든 난 몰라. 아니면 네가 평행사변형의 넓이 공식을 가르쳐 주든가."

하라는 홱 뒤돌아서며 팔짱을 꼈다. 그러나 마음이 편치만은 않았다. 아이들이 여전히 빙 둘러서서 하라를 노려보고 있는 것이다.

"좋아, 일단 길이는 재 보겠어."

하라는 끙끙거리며 줄자로 벽의 둘레를 재기 시작했다.

"아래쪽 길이는 5미터야."

하라가 말했다.

"아하, 밑변은 5미터라고?"

달마가 고쳐 말했다.

"위쪽 길이는……."

"당연히 5미터겠지. 평행사변형이니까. 평행사변형은 마주보는 변의 길이가 같거든."

"그래? 알았어. 그럼 삐뚤어진 옆쪽 길이는……."

"아, 그건 잴 필요 없어. 필요한 건 높이야."

달마가 벽의 높이를 가리켰다.

"왜? 직사각형이나 정사각형은 넓이를 구하기 위해서 변의 길이만 쟀잖아! 어째서 이번엔 높이가 필요한 거야?"

"그야 직사각형 옆의 삼각형을 옮겨 붙이면 밑변과 높이는 각각 직사각형의 가로와 세로가 되는 것을 알 수 있어. 그러니까 평행사변형의 넓이 공식은 밑변×높이인 거야. 이크! 벌써 공식을 가르쳐 주고 말았네."

"오호! 그게 공식이었어? 그럼 높이를 재야지. 높이는 3미터. 그럼 벽의 넓이는 5×3=15!"

하라는 사다리를 타고 올라가 벽의 높이를 재더니, 두 팔을 번쩍 들어 만세를 불렀다.

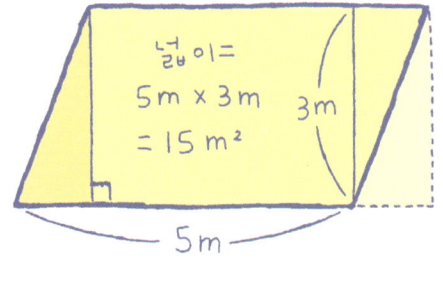

"하라, 잘 했어!"

달마가 씩 웃으며 선물꾸러미를 풀었다. 그러자 아이들이 또 다시 새까맣게 달려들었다.

"선물이다!"

"내가 먼저!"

하라는 고개를 절레절레 내저으며 혼잣말을 했다.

"끔찍한 크리스마스로군……."

> **평행사변형의 넓이 = 밑변의 길이 × 높이**

5 삼각형의 넓이

사막여우 집의 지붕을 만들어라

"앗, 뜨거워!"

하라는 펄쩍 뛰어올랐다. 그런데 어디로부터 뛰어올랐을까? 하라는 아래를 내려다보았다. 모래밭이었다. 그것도 발이 데일 정도로 아주 뜨거운 모래밭.

"여, 여긴?"

하라는 사방을 휘휘 둘러보았다. 뜨거운 태양, 끝없는 모래밭, 가끔 가다 점처럼 보이는 가시덤불. 한마디로 이곳은 사막이었다.

"후유, 이번엔 사막이야?"

하라는 투덜거리면서 다시금 주변을 둘러보았다.

"이제 슬슬 달마가 나타날 때도 되었는데……? 달마, 어디 있어? 얼른 나와!"

하라의 목소리가 메아리도 없이 사방으로 퍼져 나갔다. 산도 건물도 아무것도 없으니 메아리가 생길 리 없었다.

짜잉 짜잉

"달마! 달마! 뜨거워 죽겠어. 얼른 나오라니까!"

대답은커녕 아무 기척도 없었다. 사방이 고요했다. 이 뜨거운 사막에 혼자 있다고 생각하니 왈칵 외로움이 몰려왔다. 옆에 있을 때는 마냥 귀찮기만 하던 달마가 갑자기 몹시 보고 싶어졌다. 하라는 휘적휘적 걸으며 투덜거렸다.

"뭐야? 나만 여기다 던져 놓고 간 거야? 그런 게 어디 있어? 수학 공식도 가르쳐 줘야지."

"아유, 시끄러워. 누가 자꾸 떠드는 거야? 잠도 못 자게."

어디선가 가냘픈 목소리가 들려왔다. 하라는 목소리의 주인공을 찾으려고 두리번거렸다. 아무도 보이지 않았다. 그때 모래땅에서 불쑥 뾰족한 귀가 하나 솟구쳤다. 그러더니 세모난 얼굴이 모래땅 위로 솟아올랐다. 나머지 귀도 따라 나왔다.

"너야?"

세모난 얼굴이 하라를 보고 말했다.

"넌 누구야?"

하라가 물었다.

"나? 난 사막여우지."

엉? 무슨 소리지?

아유, 시끄러워!

쏘옥~

    사막여우가 모래땅을 파고 밖으로 나왔다.
"와아! 귀엽다. 귀도 세모, 얼굴도 세모네?"
"넌 갑자기 어디서 나타난 거야? 이 사막에 사는 동물같이 보이진 않는데?"
사막여우가 하라 주위를 빙빙 돌며 물었다.
"응, 물론 난 여기 사는 동물은 아니야. 난 도시에 사는 인간이라고. 어쩌다 여기 떨어져 버렸지만. 내 이름은 하라야."
"인간? 마침 잘됐다. 우리 집 지붕 좀 만들어 줘."
"뭐? 지붕을 만들어달라고? 내가 왜?"
"인간이라며?"
"그게 이유가 돼?"
"되고말고. 우리 식구는 모두 일곱이야. 지붕 없는 집은 더 이상 참을 수가 없어. 그러니까 네가 지붕을 만들어 줘."
    사막여우의 말에는 논리라고는 없었다. 완전 막무가내였다. 하라가 말도 안 된다고 따지려는 순간, 모래 속에서 꼬물꼬물 작은 얼굴들이 솟아올랐다. 모두 귀가 뾰족하고 얼굴이 세모난 사막여우들이었다. 아아, 너무 귀엽다. 하라는 한숨을 푹 내쉬었다.

"알았어, 만들어 볼게. 근데 지붕을 뭐로 만들어?"

"삼각형 모양으로 만들어 줘. 우리 얼굴 보면 알겠지? 우린 삼각형을 무척 좋아한다고. 참! 지붕 넓이는 2제곱미터가 되게 해 줘."

사막여우가 조잘거렸다.

"뭐? 넓이를 2제곱미터로 해 달라고?"

하라는 뜨끔했다. 어떡하지? 삼각형의 넓이 공식을 모르는데. 게다가 지금은 달마도 옆에 없다. 그렇지만 쪼그만 사막여우 앞에서 자기가 멍청한 인간이라는 걸 자백하기란 쉬운 일이 아니었다.

"뭘 가지고 지붕을 만들란 말이냐고!"

하라가 할 수 있는 말은 고작 그거였다. 넓이는 뭐, 어떻게든 되겠지 싶었다.

"잠깐 기다려!"

사막여우는 어디론가 휙 달려가더니 순식간에 커다란 판자를 입에 물고 돌아왔다.

"재료 준비 끝! 꼭 삼각형 모양이어야 해."

일곱 마리의 사막여우가 눈을 초롱초롱 빛내며 기다렸다. 음, 뭐든 해야 했다. 하라는 주머니칼을 꺼내 판자를 자르기 시작했다. 일단 삼각형으로 잘라 놓고 보자. 쓱싹쓱싹…….

"잠깐! 어디 좀 봐."

사막여우가 판자를 휙 빼앗아 가더니 줄자로 길이를 쟀다.

"하라! 넓이는 2제곱미터로 해 달라니까! 이건 너무 넓잖아. 우리 식구 모두 지붕에 깔려 죽게 할 셈이야?"

사막여우가 마구 소리를 질러 댔다. 그래 봤자 워낙 가냘픈 목소리라서 삑삑거리는 정도였지만 하라는 당황해서 어쩔 줄 몰랐다. 땀이 뻘뻘 났다.

"미안해, 사실 난 삼각형의 넓이를 구할 줄 몰라."

"뭐? 인간인데도 계산을 할 줄 모른다고?"

"계산은 할 줄 아는데,

삼각형의 넓이를 구하는 공식을 몰라서……."

"쯧, 하는 수 없지. 내가 가르쳐 줄게. 삼각형의 넓이 공식은 밑변×높이÷2야."

사막여우가 뾰족한 귀와 세모난 얼굴을 꼿꼿하게 치켜세우고 말했다.

하라는 모래밭에 계산을 해 보고는 얼른 주머니칼로 판자를 잘라서 높이를 2미터로 줄였다.

"후유~! 이제 됐지?"

"좋아, 아주 썩 마음에 들어."

사막여우가 빙긋 웃었다.

삼각형의 넓이 = 밑변의 길이 × 높이 ÷ 2

6 사다리꼴의 넓이

오아시스 예언자의 주문

사막여우들과 헤어진 뒤 하라는 끝도 없는 사막을 걷고 또 걸었다. 딱히 가야 할 곳은 없었지만 그렇다고 가만히 사막 한가운데 서 있을 수도 없는 노릇이었다. 달마는 아직도 나타나지 않았다. 큰일이었다. 달마가 없으면 집에 돌아갈 수도 없고, 다른 곳으로 갈 수도 없다. 이러다가는 이 사막에서 말라비틀어진 해골로 발견될지도 모른다는 생각이 들었다.

"목말라! 시원한 콜라 한 잔만 먹었으면 소원이 없겠다."

하라는 이마의 땀을 닦으며 중얼거렸다. 지칠 대로 지쳐 있었다.

"음, 머지않아 콜라 한 잔을 마시게 될 거다.

"아유, 더워."

너한테 돈만 있다면 말이다."
 뒤쪽에서 난데없이 골골거리는 노인 목소리가 들렸다. 하라는 휙 뒤돌아보았다.
 "사람이다! 여긴 웬일이세요?"
 하라는 하도 반가워서 노인을 껴안을 뻔했다. 노인은 뚱뚱한 몸을 발끝까지 온통 하얀 천으로 칭칭 휘감고 있었다. 머리에도 흰색 천을 둘둘 감았는데 두 눈까지 가리고 있었다.
 "난 오아시스의 예언자다."
 뚱뚱한 노인이 말했다.
 "오아시스의 예언자요? 그런데 그렇게 하고도 앞이 보이세요?"
 "상관없어. 난 원래 마음의 눈으로 앞을 본단다."

"곧 콜라를 마시게 될걸~"

"사람이다! 사람!"

"마음의 눈이요? 아! 예언자라고 했죠. 그럼 제 친구 달마가 언제쯤 나타날지 예언 좀 해 주세요."

"음, 네가 콜라 한 잔을 마시고 나면 나타날 거다. (윗변+아랫변)×높이÷2!"

노인은 말을 하다 말고 이상한 주문 같은 걸 외웠다.

"네? 뭐라고요?"

"(윗변+아랫변)×높이÷2. 너도 어서 외워! 필요할 때가 생길 거다."

하라는 영문도 모른 채 노인의 주문을 따라 했다.

"(윗변+아랫변)×높이÷2."

그 순간이었다. 갑자기 눈앞에 모래바람이 휙 하고 일었다. 거대한 바람기둥이 모래를 빨아올리더니 빙글빙글 돌았다. 모래가 사방으로 흩날렸다.

으악! 모래바람이다.

"아앗!"

하라는 모래바람을 피하려고 두 눈을 꼭 감았다. 다시 눈을 떴을 때는 바람기둥은 사라지고 없었다. 그 대신 눈앞에 오아시스 마을이 펼쳐져 있었다.

"와아! 오아시스다! 야자나무도 있고, 마을도 있잖아!"

하라는 한달음에 오아시스로 달려갔다. 허리를 숙이고 물을 떠 마시려는데, 가만 보니 물이 시커먼 색이었다.

"이런, 이거 썩은 물 아냐?"

"썩은 물이라니! 콜라 오아시스다."

어느 틈엔가 예언자 노인이 옆에 와 말했다.

"콜라 오아시스요?"

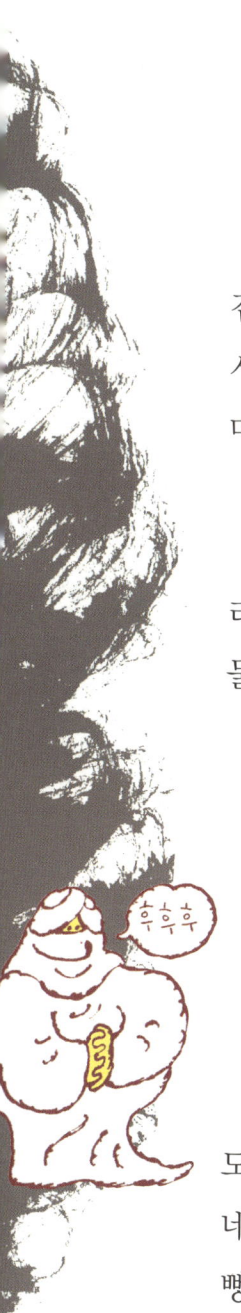

"그래, 한 번 마시는 데 단돈 천 원이야."

예언자 노인이 손을 내밀었다.

하라는 얼른 주머니를 뒤졌다. 천만다행히도 천 원짜리 지폐가 나왔다. 하라는 돈을 건네주고 나서 콜라를 벌컥벌컥 들이켰다. 속이 뻥 뚫리는 기분이었다.

"아, 시원하다."

"자, 이제 뗏목에 올라탈 차례다."

예언자 노인의 말이 끝나기가 무섭게, 콜라 오아시스에 뗏목이 하나 둥둥 떠서 다가왔다. 노인이 먼저 뗏목에 훌쩍 올라탔다. 하라는 어리둥절해서 가만히 서 있었다.

"뭐하냐? 안 탈 거야?"

"네?"

하라는 영문도 모른 채 뗏목에 올라탔다.

"달마를 만나고 싶으면 이 뗏목의 넓이를 구해라."

예언자 노인이 골골거리는 목소리로 말했다.

"뗏목의 넓이요?"

하라는 뗏목의 모양의 살피며 되물었다. 뗏목은 직사각형도 아니고 정사각형도 아니고 평행사변형도 아니었다. 이번엔 사다리꼴이었다. 갈수록 태산이었다.

"어유! 사다리꼴의 넓이 공식은 또 뭐지?"

하라가 한숨을 푹 내쉬며 중얼거리는데, 문득 아까 외웠던 주문이 생각났다. 사다리꼴을 두 개 이어붙이면 평행사변형이 되겠지? 그래서 2로 나누면…….

"(윗변+아랫변)×높이÷2."

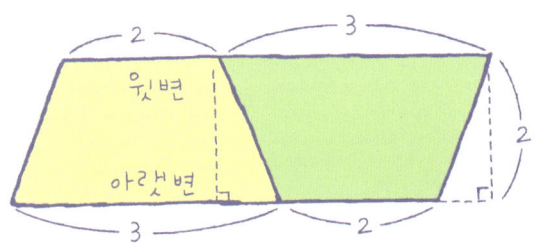

하라는 줄자를 꺼내 재빨리 뗏목 여기저기 길이를 쟀다.

"윗변은 2미터, 아랫변은 3미터, 높이는 2미터. 그럼 넓이는…… 5제곱미터?"

"이야! 웬일이야? 하라 너, 꽤 센스 있는데?"

앗! 이건 달마 목소리잖아? 하라는 고개를 번쩍 쳐들었다.

하라 앞에 서 있던 예언자 노인이 온몸을 둘둘 말았던 하얀 천을 걷어내고 있었다. 그 안에서 나온 건 뚱뚱하고 못생긴 달마였다.

"이런, 너였어?"

"후후! 주문이 사다리꼴의 넓이 공식이란 건 알아채고, 예언자 노인이 나라는 건 눈치 못 챘어?"

달마가 빙글거렸다.

"어디 갔다 이제 나타난 거야?"

하라는 반가움에 소리를 꽥 질렀다. 뗏목이 출렁 흔들렸다.

> 사다리꼴의 넓이 = (윗변의 길이+아랫변의 길이) × 높이 ÷ 2

7 마름모의 넓이

마름모 행성의 특급 미녀

　하라는 꾸벅꾸벅 졸고 있었다. 마치 절을 하는 자동인형처럼 고개가 규칙적으로 올라갔다 내려갔다 했다. 도저히 정신을 차리고 앉아 있을 수 없는 수학 시간이었다.
　오늘도 하라는 머나먼 우주 탐험에 나섰다. 그런데 오늘은 우주선을 타지 않았다. 달마가 웜홀로 하라를 데려갔다. 웜홀을 통과하면 우주선보다 훨씬 빠르게 우주 여행을 할 수 있다고 했다. 웜홀로 발을 들여놓는 순간, 하라는 온몸이 뒤틀리고 꼬이고 산산조각 나는 느낌을 받았다. 너무 놀라서 소리를 지르는데, 그 소리조차 조각조각 부숴지고 뒤틀렸다. 이를테면 이렇게 들리는 것이다.

"워어오오우우아아으아아워!"

이제 곧 머리털이 모조리 뽑히고 두개골이 우주 공간을 또르르 굴러다니겠구나 싶을 때쯤, 간신히 웜홀을 빠져나왔다. 하라는 고개를 천천히 돌려 보고, 팔을 흔들어 보고, 다리를 움직여 보았다. 다행히 정상이었다. 감각이 제대로 돌아왔다.

"휴우, 정말 굉장한데?"

하라는 달마를 쳐다봤다. 달마는 사흘에 한 번씩은 꼬박꼬박 웜홀 여행을 떠나 본 사람처럼 아무렇지도 않아 보였다.

"올 때가 되었는데……?"

달마가 손목시계를 들여다보며 중얼거렸다.

"누구?"

"응, 특급 미녀. 참, 여기는 마름모 행성이란 곳이야. 마름모는 네 변의 길이가 같은 사각형을 말하는데, 이곳은 미의 기준이 좀 독특해……. 아! 저기 온다."

하라는 달마가 가리키는 쪽으로 고개를 돌렸다. 마름모 행성이라더니 얼굴이 말 그대로 마름모 모양인 외계인이 다가오고 있었다. 웃음이 절로 나왔다. 특급 미녀라고 불린 외계인은 얼굴이 몸 크기와 비슷할 만큼 컸다. 납작한 마름모처럼 생긴 얼굴 위에는 머리털이 딱 세 개 나 있었다.

"안녕? 특급 미녀. 오랜만이야."

달마가 손을 내밀자 특급 미녀가 악수를 했다.

"또 어느 행성에서 멍청한 아이를 데려온 거야?"

특급 미녀는 얼굴도 미녀라고 보기 힘들었지만 입은 더 거칠었다.

"뭐? 멍청한 아이?"

하라가 발끈했다.

"틀림없지, 뭐. 달마는 늘 그런 애들을 데려오거든. 수학 공부를 시킨다나 뭐라나."

특급 미녀가 인상을 찌푸렸다. 아, 그러니까 마름모 모양 얼굴에 대각선 주름이 생기도록 찡그렸다는 뜻이다.

"얘 하라야. 이쪽은 특급 미녀."

달마가 둘을 인사시키려고 했지만, 하라와 특급 미녀는 둘 다 얼굴을 딴 데로 돌려 버렸다.

"하라, 특급 미녀를 좀 봐. 얼굴 진짜 크지? 여기 마름모 행성에서는 얼굴이 가장 넓은 사람이 특급 미녀거든."

달마가 하라를 잡아끌며 말했다.

"뭐? 얼굴이 가장 넓은 사람이 미녀? 하하하! 되게 웃긴다. 지구에서는 얼굴이 작아야 미인인데."

하라가 더 이상 참지 못하고 배꼽을 잡고 웃어 댔다.

특급 미녀가 또 다시 얼굴을 찌푸렸다. 대각선 두 개가 선명하게 나타났다.

"지구야말로 웃긴 곳이군. 얼굴이 작아서야 어떻게 미인이라고 할 수 있겠어? 난 대각선 길이가 각각 30센티미터와 60센티미터나 돼. 그러니까 넓이는 30×60÷2, 즉 900제곱센티미터나 되지. 어때? 솔직히 너도 부럽지?"

특급 미녀가 마름모 얼굴을 들이대며 물었다.

"부럽냐고? 하나도 안 부러워. 그게 어디 얼굴이냐? 마룻바닥이지. 하하하!"

하라의 웃음소리가 머나먼 지구에까지 울려 퍼진 모양이었다. 눈물까지 흘리며 웃느라 눈을 못 뜨는 하라의 귀에 선생님 목소리가 들려왔다.

"또자! 당장 일어나지 못해?"

역시 대단한 선생님이었다. 웜홀도 통과하지 않고 마름모 행성까지 오다니. 하라는 간신히 눈을 떴다. 그곳은 마름모 행성이 아니라 교실이었다.

"좋아, 넌 다 아니까 수업 시간에 자는 거지? 어서 이 마름모의 넓이를 구해 봐."

선생님이 칠판을 탁 쳤다.

앗! 이게 어떻게 된 일이지?

칠판에는 다름 아닌 특급 미녀의 부담스러운 얼굴이 그려져 있었다.

"넓이요? 대각선의 길이가 각각 30하고 60이니까, 그러면 30×60÷2=900, 마름모의 넓이는 900제곱센티미터네요."

하라는 자기도 모르게 특급 미녀가 했던 말을 고스란히 따라했다.

"아니? 하라, 네가 웬일이냐? 마름모의 넓이를 구하는 공식을 다 알고?"

선생님이 깜짝 놀란 표정을 지었다.

하라는 눈을 껌벅거렸다. 선생님 어깨 위에 달마가 반투명한 모습으로 떠 있었다.

칠판 위의 특급 미녀는 여전히 생글생글 웃고 있었다. 하라는 킥킥 웃었다.

"자, 모두들 잘 알아 둬. 마름모의 넓이 공식이다."

선생님이 특급 미녀의 얼굴 옆에 공식을 써 넣었다.

> 마름모의 넓이 = 한 대각선의 길이 × 다른 대각선의 길이 ÷ 2

정보 1

도형 영역의 공식 ①
– 초등학교 교과서에 나오는 도형

선분 : 두 점을 곧게 이은 선

읽기 : 선분ㄱㄴ, 선분ㄴㄱ

직선 : 두 점을 곧게 이어 양쪽으로 끝없이 늘인 선

읽기 : 직선ㄱㄴ, 직선ㄴㄱ

각 : 한 점에서 그은 두 직선으로 이루어진 도형

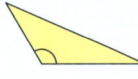

읽기 : 각ㄱㄴㄷ, 각ㄷㄴㄱ

예각 : 90°보다 작은 각

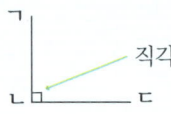
예각삼각형

둔각 : 90°보다 크고 180°보다 작은 각

둔각삼각형

직각 : 한 점에서 그은 두 직선이 수직으로 만나서 이루는 도형

직각삼각형 : 한 각이 직각인 삼각형

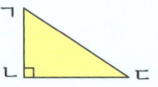

직사각형 : 네 각이 모두 직각인 사각형

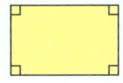

정사각형 : 네 각이 모두 직각이고, 네 변의 길이가 모두 같은 사각형

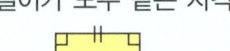
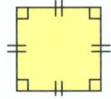

이등변삼각형 : 두 변의 길이가 같은 삼각형

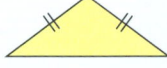

정삼각형 : 세 각과 세 변의 길이가 같은 삼각형

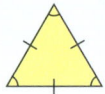

원 : 한 점을 중심으로 일정한 거리에 둥글게 곡선을 이어 그은 도형

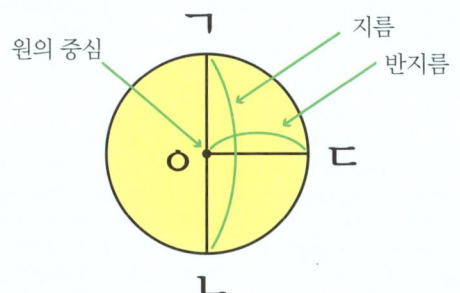

원의 중심: 원의 한 가운데 있는 점 ㅇ
반지름: 원의 중심과 원 위의 한 점을 이은 선분 ㅇㄷ
지름: 원의 중심을 지나 원 위의 두 점을 이은 선분 ㄱㄴ

수직 : 두 직선이 만나서 이루는 각이 직각일 때, 두 직선은 서로 수직

평행 : 한 직선에 수직인 두 직선처럼, 서로 만나지 않는 두 직선은 평행

삼각형의 세 각의 크기의 합 : 180°

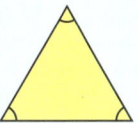

사각형의 네 각의 크기의 합 : 360°

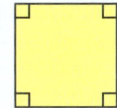

각기둥의 겉넓이 = 밑면의 넓이 × 2 + 옆면의 넓이
각기둥의 부피 = 밑면의 넓이 × 높이
각뿔의 겉넓이 = 밑면의 넓이 + 옆면의 넓이
각뿔의 부피 = 밑면의 넓이 × 높이 ÷ 3

부채꼴의 호의 길이 =
원주의 길이 × 중심각 ÷ 360°

부채꼴의 넓이 =
원의 넓이 × 중심각 ÷ 360°

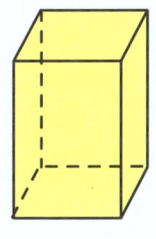
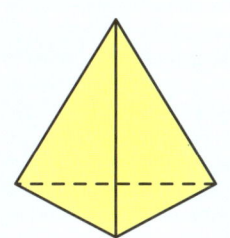

8 직육면체의 겉넓이

우카얄리 부족의 수상 가옥

쿵!

"아얏!"

하라는 놀라운 속도로 떨어져 내려 땅바닥에 엉덩방아를 찧었다. 엉덩이가 빠개질 듯이 아팠다. 엉덩이를 어루만지며 바닥을 뒹구는 사이, 하라는 온통 흙투성이가 되었다.

"퉤퉤! 여긴 또 어디야?"

하라는 불평을 터뜨리며 고개를 들었다. 순간 하라는 너무 놀라 숨이 멎을 뻔했다. 시뻘건 얼굴을 한 남자 대여섯 명이 하라를 내려다보고 있었다. 남자들은 저마다 손에 무기를 하나씩 들고 있었다. 독 발린 화살, 무시무시한 단검, 번쩍이는 손도끼, 굵은 밧줄을 꼬아 만든 올가미 등이었다.

"다, 달마! 여기가 어디야?"

하라는 달마를 찾아 사방을 두리번거렸다. 그러나 달마는 아무 데도 보이지 않았다. 사방에 우거진 숲이 펼쳐져 있었다. 자기 혼자 나무 뒤에라도 숨은 걸까?

"넌 뭐야?"

손도끼를 든 남자가 물었다.

"저요? 전 하라라고 해요."

"여긴 왜 왔어? 어느 부족이야?"

이번에는 다른 남자가 독 발린 화살을 하라에게 겨누며 물었다.

"전 그냥 수학 공부를 하려고……."

"뭐? 수학 공부? 잘됐군. 이보게들, 이 꼬마가 수학을 잘한대."

손도끼를 든 남자가 주위를 둘러보며 말했다.

"아니, 수학을 잘한다고는……."

하라의 말이 채 끝나기도 전에 남자들이 얼른 하라를 일으켜 세웠다.

"수학을 잘하면 직육면체의 겉넓이 계산쯤은 눈 감고 물고기 잡는 식이지?"

"네?"

하라는 두 눈만 껌벅거렸다. 눈 감고 물고기를 잡는다고? 아마 몹시 어렵다는 뜻이겠지?

"어서 가자! 오늘은 우리 우카얄리 부족이 새 수상 가옥을 짓는 날이야. 아, 걱정 마. 집은 벌써 다 지어 놨어. 멋진 직육면체 모양으로 완성했지. 우리는 직사각형을 좋아해서 집의 모든 벽면을 직사각형으로 만들었어. 이제 겉에 칠만 하면 돼. 다른 부족이 눈치 채지 못하게 초록색으로 칠해야지. 숲과 똑같은 색으로 말이야."

손도끼 남자가 하라의 팔을 붙잡아 수풀 사이로 끌고 가며 주절거렸다.

"우리 머리로는 도무지 직육면체의 겉넓이를 계산할 수 없어서 고민하고 있었어. 우카얄리 부족은 수학에 약하거든. 그런데 바로 그때 네가 하늘에서 뚝 떨어진 거야. 아, 그러고 보니 너 혹시 하늘 부족이냐?"

독화살 남자가 쏘아붙이듯 말했다.

'직육면체니 겉넓이니 하는 말들을 잘도 지껄이는 걸 보니

나보다 더 수학을 잘하겠는데, 뭘. 난 겉넓이 공식도 모른단 말이야.'

하라는 한숨이 절로 나왔다.

"자, 다 왔어. 우카얄리 강이야!"

손도끼 남자가 잡고 있던 하라의 팔을 놓아 주었다.

하라의 눈앞에 커다란 강이 흐르고 있었다. 강물은 시퍼런 색과 누런색이 반반씩 섞인 묘한 색깔이었고, 강폭이 꽤 넓었다. 강 가장자리에 수상 가옥이 세 채 서 있었다. 아니나 다를까 수상 가옥은 모두 직육면체 모양이었다.

"자, 얼른 겉넓이를 계산해 줘. 그래야만 초록색 물감을 얼마나 준비해야 할지 알 수 있단 말이야. 우리 우카얄리 부족은 얄리얄리 풀을 짓이겨서 초록색 물감을 만들어. 물감은 항상 딱 알맞은 양만 만들어 써야 해. 얄리얄리 풀을 낭비해선 안 되기 때문이지."

독화살 남자가 말했다.

"하지만 전 직육면체의 겉넓이 공식을 몰라요."

하라가 모기 소리만 한 목소리로 말했다.
"뭐? 방금 뭐라고 했어?"
하라가 다시 대답을 하려고 할 때였다.
"전개도를 그려서 (밑면의 넓이 × 2) + 옆면의 넓이를 구해 봐!"
어디선가 달마의 목소리가 들렸다. 하라는 재빨리 주변을 둘러보았다. 뒤쪽 숲에 달마가 숨어 있는 게 언뜻 보였다.
'쳇! 자기 혼자만 도망치고……'
하지만 지금은 그걸 따질 때가 아니었다. 우선 수상 가옥의 겉넓이를 계산해야 했다. 하라는 바닥에 쭈그리고 앉아 낑낑대며 직육면체의 전개도를 그렸다.
"음, 겉넓이를 알려면 수상 가옥 밑면의 가로와 세로, 그리고 높이를 알아야 해요."
하라가 말했다.
"그건 벌써 다 재 놓았어. 가로는 6미터, 세로는 3미터, 높이는 4미터야."

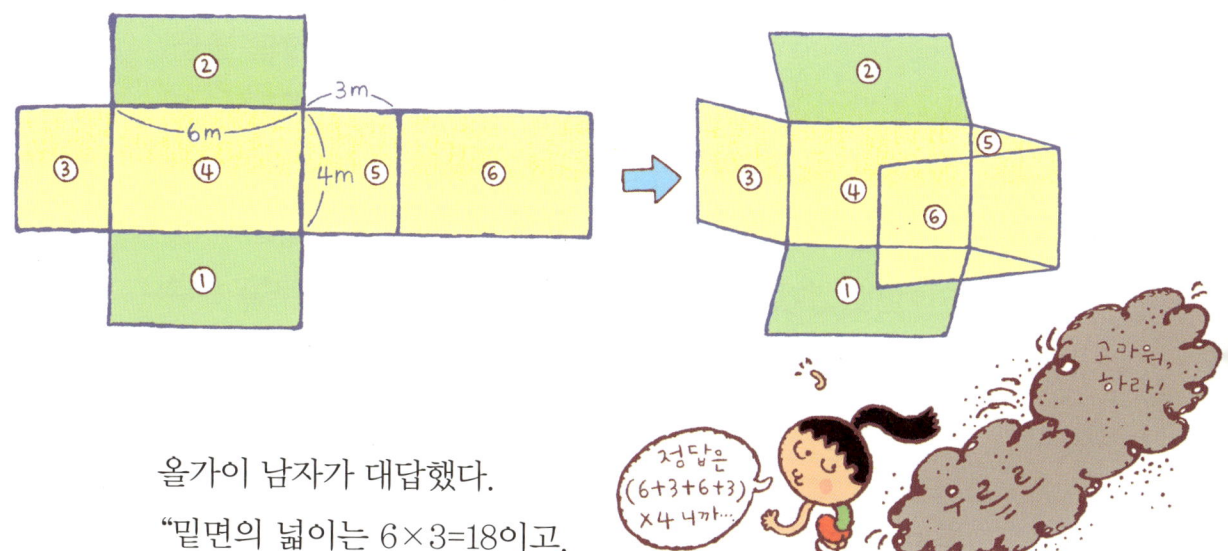

올가이 남자가 대답했다.

"밑면의 넓이는 6×3=18이고,

옆면의 넓이는 밑면의 둘레×높이니까

(6+3+6+3)×4=72."

혼자만 숨어 있는 게 미안했던지 달마가 살짝 다가와 계산을 도와주었다.

"휴, 직육면체의 겉넓이는 108제곱미터예요!"

마침내 하라가 말했다.

"108제곱미터? 하라, 정말 고마워!"

우카얄리 부족 남자들은 모두 기뻐하며 수상 가옥으로 몰려갔다.

직육면체의 겉넓이 = (밑면의 넓이 × 2) + 옆면의 넓이

9 정육면체의 겉넓이

오리노코 부족의 잠수함 큐브호

"혼자만 숨어 버리고, 정말 치사해!"

"미안, 미안. 우카얄리 부족이 너무 무시무시하게 생겨서 그랬어."

"그럼 뭐야? 난 그 무시무시한 우카얄리 부족의 손도끼에 찍혀도 어쩔 수 없고, 네 목숨만 소중하다는 얘기야?"

"아이, 미안하다니까. 이제 그만 화 풀어. 어쨌든 우리 둘 다 멀쩡하잖아."

하라와 달마는 하늘이 보이지 않을 정도로 울창하고 빽빽한 원시림 속을 걷고 있었다. 사람 키만큼 자란 수풀 헤치랴, 달려드는 파리와 모기 떼 쫓으랴, 바빠서 이야기를 계속하기

가 힘들었다.

"이제 곧 숲이 끝나고 악어가 우글우글한 강이 나타날 거야."

달마가 말했다.

"뭐? 악어?"

하라는 입을 딱 벌렸다. 그 사이에 파리 서너 마리가 입안으로 쏙 들어갔다.

"에이, 퉤퉤!"

머지않아 달마 말대로 숲이 끝나고 탁 트인 하늘과 커다란 강이 나타났다. 강물은 우카얄리 강과는 달리 완전 누런색이었다. 마치 불 위에서 부글부글 끓고 있는 수프처럼 보이는 강이었다. 저 안에 악어가 살고 있다면 악어 수프가 되겠군.

"원시림도 골치 아팠지만 악어가 사는 강은 더 골치네? 여길 어떻게 건넌담?"

하라가 중얼거렸다.

그때 갑자기 강물 한가운데가 불쑥 치솟더니 그 안에서 꼬불꼬불한 라면 머리를 한 사람이 솟아올랐다.

"네가 하라냐?"

"에?"

하라는 너무 당황해서 말이 제대로 나오지 않았다. 금도끼냐 은도끼냐 묻는 산신령도 아니고, 이건 또 무슨 일이람? 강물 속에서 사람이 솟아오르다니.
"네가 우리의 적 우카얄리 부족에게 도움을 주었다며? 그럼 너도 우리의 적이다!"
라면 머리가 흥분해서 소리쳤다.

"이봐요, 당신은 누구예요?"

하라는 라면 머리에게 물으면서 옆을 더듬어 달마의 손을 꽉 잡았다. 달마가 또 혼자만 도망갈까 봐 걱정이 되었던 것이다.

"우리는 신성한 강의 자손, 오리노코 부족이다! 악어 밥이 되고 싶지 않으면 우리에게도 도움을 달라!"

"도움이요? 어떤 도움을요?"

"그야 물론 겉넓이 계산이지!"

그러더니 라면 머리가 강물 위로 더 높이 치솟아 올랐다. 가만 보니 그는 잠수함에 올라타 있었다. 라면 머리의 발 아래로 잠수함이 서서히 모습을 드러냈다. 이내 잠수함 뚜껑이 열리더니 그 안에서 크고 작은 라면 머리 여럿이 고개를 내밀었다. 모두 오리노코 부족 사람들인 모양이었다.

"우리 오리노코 부족의 잠수함 큐브호다. 어떠냐? 멋지지? 우리는 미개한 우카얄리 부족과는 천지차이다. 직육면체 수상 가옥? 하하하! 우습다. 우리 신성한 강의 자손 오리노코 부족은 정육면체 잠수함 큐브호에 산다."

라면 머리는 우스꽝스러운 말투로 한참이나 잘난 척을 계속했다. 그들의 잠수함이 우카얄리 부족의 수상 가옥보다 멋진 건 사실이었지만, 오리노코 부족은 우카얄리 부족만큼 무시무시해 보이지는 않았다. 머리 모양이며 말투며 모든 게 좀 웃겼다.

"신성한 강의 자손 오리노코 부족의 정육면체 잠수함 큐브호의 겉넓이를 계산하라!"

라면 머리가 장황하게 문제를 설명했다.

"만약 네가 겉넓이를 구하지 못하면 오리노코 강의 악어들이 오늘 맛있는 저녁식사를 하게 될 것이다."

역시 처벌도 장황했다.

"정육면체의 겉넓이? 그거야 아주 쉽지 뭐. 악어 콧구멍 간질이기보다 더 쉬워."

후유, 깜박했는데 이쪽에도 잘난 척 선수가 한 분 계셨다. 바로 수학 천재이신 달마다. 아무튼 다행이다. 이번엔 달마가 미처 도망을 못 갔으니 문제를 해결해 주겠지.

"큐브호의 한 변의 길이는 얼마냐?"

"한 변의 길이는 3미터다. 우리 오리노코 부족의 신성한 숫자 3이다."

"그래? 알았어. 정육면체의 겉넓이는 이 친구가 계산해 줄 거야."

달마가 손가락으로 하라를 가리켰다.

"뭐? 내가?"

하라는 화들짝 놀랐다.

"걱정 마. 정육면체의 겉넓이 공식은 아주 쉽다고."

달마가 한쪽 눈을 찡긋거렸다. 아마 그게 윙크인가 보다. 그 순간, 오리노코 부족의 잠수함 큐브호에 공식이 나타났다.

> **정육면체의 겉넓이 = (한 면의 넓이) × 6**

"어? 정말 직육면체보다 훨씬 쉽잖아? 정육면체의 면은 모두 정사각형이니까 한 면의 넓이는 3×3=9, 거기다 6을 곱하면…… 54. 큐브호의 겉넓이는 54제곱미터야!"

하라가 계산을 끝냈다.

"54제곱미터래!"

라면 머리들이 일제히 잠수함 위로 튀어 오르며 환호했다. 그 바람에 잠수함 큐브호가 출렁하더니 그 밑에 숨어 있던 악어들이 스르륵 기어 나왔다.

10 직육면체와 정육면체의 부피

우카얄리 부족과 오리노코 부족의 전쟁

"빨리 좀 뛰어!"
"헉헉! 더 이상은 못 뛰겠어. 설마 아직도 악어가 따라오는 건 아니겠지?"
하라는 그대로 땅바닥에 주저앉아버렸다.

큐브호 아래에서 기어 나오는 악어 떼를 보고, 하라와 달마는 곧바로 뒤로 돌아 숲속으로 뛰었다. 두 사람은 한참 동안 숲속을 전속력으로 달렸다. 악어는 물속에서 산다는 걸 알고 있으면서도 당장이라도 악어가 뒤따라와 발목을 깨물 것 같아 달리기를 멈출 수가 없었다. 하지만 이제 숨이 턱에까지 찼다. 더 이상은 뛸 수 없었다.

"없어. 악어는 없어……."
달마가 숨을 몰아쉬며 말했다.
"아, 정말 무시무시했어. 그치?"

"오리노코 부족은 괜찮을까?"

하라가 물었다.

"글쎄, 그 사람들은 마치 악어랑 친한 것처럼 보였어."

"그럴 리가. 하지만 잠수함 큐브호가 있으니 괜찮겠지?"

미심쩍긴 했지만 그냥 그렇게 생각하고 싶었다. 그 사람들을 버려 두고 도망쳤다는 생각이 들면 찝찝하니까!

두 사람은 다시 숲속을 걷기 시작했다. 악어를 피하려면 물길을 피해 숲속으로 더 깊이 들어가야 했다. 달마는 코를 킁킁거리며 물 냄새가 나는지 살피며 걸었다. 그렇게 한참을 가고 있는데 숲속에서 이상한 소리가 들려왔다.

"우카얄리!"

"오리노코!"

"우카얄리!"

"오리노코!"

꼭 이런 소리처럼 들렸다. 하라는 고개를 갸웃거렸다. 우카얄리 부족이나 오리노코 부족 모두 강가에 사는 부족인데, 누가 왜 이런 깊은 숲속에서 그 부족들의 이름을 외치고 있는 거지? 하라와 달마는 수풀을 헤치고 소리가 나는 쪽으로 달려가 보았다.

"신성한 강의 자손 우리 오리노코의 상자가 부피가 더 크다!"

"무슨 소리! 딱 보면 몰라? 우리 우카얄리 부족의 상자가 부피가 더 크다고."

깜짝 놀랄 일이었다. 손도끼와 단검, 독 발린 화살과 올가미로 무장한 우카얄리 부족과 꼬불꼬불 라면 머리의 오리노코 부족이 커다란 상자 두 개를 가운데 놓고 대치하고 있었다.

"아니, 저들이 어느 틈에 여기 와 있는 거지?"

달마가 입을 딱 벌리며 중얼거렸다.

하라는 주위를 둘러보았다. 참 이상한 일이었다. 분명히 하라와 달마는 강을 피해 숲속으로 도망쳤다. 그런데 몇 시간을 달리고 걸어 다다른 곳이 또 다시 강가였다. 오리노코 부족 사람들 뒤로 늪같이 질퍽한 강이 흐르고 있었다. 그리고 그 강에는 악어 떼가 우글거렸다!

"앗! 달마, 저기 봐! 라면 머리들 뒤에 악어 떼가 우글우글해!"

하라가 입에 거품을 물며 소리쳤다.

달마와 하라는 하얗게 질려 주춤주춤 뒷걸음질 쳤다. 그때 오리노코의 라면 머리가 두 사람을 발견하고 반갑게 뛰어왔다.

"오! 하라! 잘 만났다. 지금 우리 신성한 강의 자손 오리노코 부족과 미개한 우카얄리 부족이 전쟁을 하는 중이다. 네가 심판을 좀 맡아 다오."

"뭐? 우리가 미개하다고? 흥! 멍청한 건 바로 너희들이야. 하라, 어서 이 문제를 풀어 줘!"

손도끼도 하라에게 달려왔다.

하라는 라면 머리와 손도끼 사이에서 어쩔 줄을 몰랐다. 그 틈에 달마는 재빨리 어디론가 사라져 버렸다.

"아, 악어……!"

하라가 덜덜 떨며 말했다.

"괜찮다, 겁 내지 마라. 악어는 우리 오리노코 부족의 명령이 없이는 움직이지 않는다."

라면 머리가 휙 하고 휘파람을 불자 악어 떼는 모두 물속으로 사라졌다. 달마의 예감이 맞았다. 악어는 오리노코 부족과 친한 사이였다. 다름 아닌 오리노코 부족의 무기였던 것이다.

"근데 전쟁이라니, 문제가 뭔데요?"

그제야 숨을 쉴 수 있게 된 하라가 물었다.

"우리 신성한 오리노코 부족과 저 미개한 우카얄리 부족에게는 각각 조상의 영혼을 모신 상자가 있다."

라면 머리가 말했다.

"하라, 이 두 개의 상자 중에서 어떤 게 더 부피가 큰 것 같아?"

손도끼가 상자들을 가리키며 말했다.

하라는 두 개의 상자를 살펴보았다. 그냥 눈으로 봐서는 알쏭달쏭했다. 언뜻 보면 직육면체의 부피가 더 큰 것 같다가도 또 어떻게 보면 정육면체의 부피가 더 큰 것 같기도 했다. 계산을 해 보는 수밖에 없었다. 하지만 하라는 직육면체와 정육면체의 부피를 구하는 공식을 몰랐다.

"달마! 달마! 또 어디로 숨어 버린 거야?"

하라가 사방에 대고 소리쳤다.

"하라, 혹시 이 사람을 찾는 거야?"

우카얄리 부족 올가미가 어느 새 자신의 무기 올가미에다 달마의 손목을 걸어 가지고 나타났다.

"아얏! 이거 놔! 악어는 무섭단 말이야."

뚱뚱한 달마가 속수무책으로 질질 끌려오며 소리쳤다.

"흥! 쌤통이다."

하라가 눈을 흘겼다.
"어서 문제를 풀어라. 안 그러면 악어를 다시 불러 올 테다."
오리노코의 라면 머리가 말했다.
"아, 알았어. 직육면체와 정육면체의 부피 말이지? 그거야 공식만 알면 아주 간단해. 계산은 하라가 해줄 거야. 부피를 계산해 보면 어떤 상자가 더 큰지는 금방 알 수 있지. 전쟁 같은 건 할 필요도 없다고. 자, 하라! 간다!"
달마가 무언가를 공중으로 휙 집어 던졌다. 하라는 그게 무엇인지 생각할 틈도 없이 그걸 잡으러 뛰어갔다.

직육면체의 부피 = 가로 × 세로 × 높이

정육면체의 부피 = 한 변의 길이 × 한 변의 길이 × 한 변의 길이

정육면체와 직육면체의 부피를 구하는 공식이 적힌 야자나무 잎이 공중을 날았다. 하라가 얼른 그것을 받아들었다.
"고마워, 달마!"
하라는 두 개의 상자 가까이 다가가 길이를 재기 시작했다.
"음, 우카얄리 부족의 직육면체 상자는 밑면의 가로가 5미터, 세로가 2미터, 높이가 3미터니까……. 부피는 30세제

곱미터예요. 그리고 오리노코 부족의 정육면체 상자는 한 변의 길이가 3미터니까 부피는 27세제곱미터네요. 그러니까 우카얄리 부족의 상자가 부피가 더 커요!"

하라가 계산을 끝냈다.

우카얄리 부족 사람들은 무기를 공중으로 던지고 환호성을 지르며 펄쩍펄쩍 뛰었다. 오리노코 부족은 모두들 눈물을 흘리며 악어가 우글거리는 강으로 뛰어들었다.

11 원주율과 원둘레의 길이

검은 성의 마법 청동거울

"하라, 그만 일어나! 언제까지 잠만 잘 거야?"
하라는 눈을 번쩍 떴다. 또 수학 시간이구나 싶었다. 그런데 이상했다. 고개를 숙인 하라의 발끝에 노란 들꽃과 푸른 풀밭이 보였다. 천천히 고개를 들어 둘러보았다. 그곳은 부드러운 바람이 살랑살랑 몸을 휘감는 들판이었다. 하라는 빙긋 웃었다.

"달마, 여기는 어디야?"
"잠 깼으면 얼른 가자!"
달마가 풍뚱한 몸을 뒤뚱거리며 바삐 걸었다. 하라는 늘 그랬듯이 영문도 모른 채 달마를 뒤따라갔다.

봉긋한 언덕 하나를 넘자 저 앞에 검은 성이 나타났다. 성은 삼천 년쯤 묵은 것 같았다. 검은 돌로 쌓아올린 벽에 거뭇거뭇한 이끼가 잔뜩 끼어 있었다.

"설마 저 칙칙한 건물에 가는 건 아니겠지?"

"맞아, 검은 성에 가는 길이야. 거기서 대장장이 슈피겔을 돕기로 했거든."

"대장장이 슈피겔?"

달마는 벌써 검은 성에 다가가 초인종을 누르고 있었다. 찌링찌링! 귀청을 찢을 듯이 요란한 초인종 소리가 울렸다. 곧바로 성문이 열렸다. 1초도 채 걸리지 않았다. 누군가 문 뒤에 서서 하루 종일 초인종이 울리기만 기다리고 있었던 모양이었다. 팔다리가 가느다란 비쩍 마른 노인이 나타났다. 노인이 어찌나 힘이 없어 보였던지, 하라는 저 사람이 대장장이 슈피겔은 아니겠지 하고 생각했다.

"달마!"

"슈피겔, 잘 지냈어?"

이런! 이 사람이 바로 슈피겔이었다.

"어서 오게. 검은 성의 주인 까마귀가 온종일 고래고래 소리를 지르고 있어."

"이제 걱정하지 않아도 돼. 이 아이가 하라야. 수학을 아주 아주 잘하지."

달마가 말했다.

"달마, 뭐 잘못 먹었어?"

하라는 깜짝 놀라 달마를 돌아보았다. 달마는 시침 뚝 떼고 성문 안으로 발을 내디뎠다. 슈피겔이 두 사람을 안내했다.

"저게 바로 문제의 그 청동거울이라네."

청동거울은 거무튀튀한 풀들이 잔뜩 자라 있는 성의 안마당에 우뚝 서 있었다. 동그란 모양에 테두리에는 온갖 화려한 꽃들이 장식되어 있고, 받침대에는 덩굴이 타고 올라간 나무 모양이 조각돼 있는 아름다운 거울이었다. 청동거울 덕에 갑자기 검은 성이 환해 보였다.

"와아, 예쁘다!"

하라가 감탄했다. 저 거울에 얼굴을 비춰 보면 누구든 공주처럼 보일 것만 같았다.

"이 녀석들은 또 뭐야?"

퉁명스러운 목소리가 들려왔다. 성의 2층에서 거대한 까마귀가 아래를 내려다보고 있었다.

"청동거울의 둘레의 길이를 계산할 사람들입니다."

슈피겔이 말했다.

"너희들, 목은 잘 닦고 왔겠지?"

거대한 까마귀가 물었다.

"네? 목이요?"

하라가 더듬거리며 한 손으로 목을 쓰다듬었다.

"청동거울의 둘레의 길이를 알아내지 못하면 네 목이 날아갈 거란 뜻이야. 이 멍청아!"

정말이지 예의라고는 찾아볼 수 없는 까마귀였다. 하라는 하도 어이가 없어서, 겁이 나기는커녕 화가 났다.

"아, 원둘레가 궁금하다고? 파이만 알면 되는데, 넌 파이를 모르는 모양이지?"

달마가 까마귀에게 말했다.

"뭐? 파이를 모르냐고? 무슨 소리! 내가 파이를 얼마나 좋아하는 줄 알아! 호박파이, 사과파이, 호두파이, 아몬드파이……. 파이란 파이는 다 좋아한다고."

까마귀가 입맛을 쩍 다시며 대답했다. 그러자 달마가 배를 잡고 웃어 댔다.

"바보! 그 파이 말고 원주율 파이 말이야."

까마귀의 얼굴이 붉으락푸르락해졌다.

흥! 무례한 까마귀가 달마한테 한 방 먹었군. 하라도 같이 비웃어 주고 싶었으나 그럴 수가 없었다. 하라도 달마가 말하는 파이가 뭔지 몰랐기 때문이다.

"달마, 원주율 파이가 뭔데?"

하라가 작은 소리로 물었다.

"뭐야? 너도 몰라? 원주율은 원주와 지름의 비를 말하잖아!"

"원주는 또 뭔데?"

"헉! 그것도 몰라? 원둘레 말이야!"

"아, 그럼 원둘레와 지름의 비가 원주율이야?"

"그래, 원주를 지름으로 나눈 비를 원주율이라고 하는데, 모든 원에서 원주율은 다 똑같아. 그걸 파이라고 하는 거야. 숫자로 말하면 3.14……야."

"달마, 왜 말을 얼버무려? 3.14라는 거야, 아니면 다른 숫자라는 거야?"

"3.1415……. 이렇게 계속 이어지는 소수야. 계산할 때는 간단히 3.14로 줄여서 쓰지."

"윽! 복잡해. 어쨌든 파이는 3.14란 말이지?"

"너희들, 거기서 밤새도록 떠들 참이야? 청동거울의 둘레를 구할 거야, 안 구할 거야?"

까마귀가 깍깍 소리쳤다.

"알았으니까 소리 좀 그만 질러. 슈피겔, 청동거울의 지름은 얼마야?"

달마가 슈피겔 쪽으로 고개를 돌렸다.

"지름은 2미터야."

"그럼 청동거울의 둘레는 2×3.14야."

"뭐? 그렇게 간단해?"

까마귀는 깜짝 놀라 허둥대다가 2층에서 떨어져 버렸다.

원둘레의 길이(원주) = 지름 × 3.14 = 반지름 × 2 × 3.14

12 원의 넓이

까마귀, 마법이 풀리다

"허허! 그렇게 간단하게 풀다니, 달마 넌 역시 대단해."
슈피겔은 까마귀의 날개를 붕대로 동여매고 있었다.
"그런데 아까 보니, 이 아이가 수학을 잘한다는 건 좀 믿어지지가 않더군."
슈피겔이 하라를 흘끗거리며 말했다. 옆에 서 있던 하라의 얼굴이 새빨개졌다.
"그건 날지도 못하는 저 까마귀가 자꾸 재촉을 해서 그런 거야. 시간만 있었으면 하라가 멋지게 문제를 풀었을걸?"
달마가 콧구멍을 후비며 심드렁하게 말했다.
세상에, 이렇게 고마울 수가. 하라는 자기를 두둔해 주는 달마가 너무 고마워서 목성까지 달마를 업고 가라 해도 그럴 수 있을 것 같았다. 아! 물론 이건 비유를 쓴 표현일 뿐이다. 실제로 저 뚱뚱한 달마를 업으라고 하면? 그야 얼른 내빼야지.

"그래? 다행이군. 아직 문제가 다 해결된 게 아니니까 말이야. 저 아이를 믿어봐야겠군."

슈피겔이 말했다.

뭐? 문제가 남았다고? 아이고야, 하라는 자기를 칭찬해 준 달마가 야속해졌다.

"도대체 청동거울이 어떻게 된 건데?"

달마가 물었다.

"500년 전에 내가 저 청동거울을 만들면서 장난을 좀 쳤어. 마법 책을 보고 주문을 따라 했지. 거울을 보며 콧구멍을 후비는 사람은 모두 까마귀로 변신시켜 버리는 마법이었어."

슈피겔의 말을 듣자마자 달마는 얼른 콧구멍에서 손가락을 뺐다. 그러고는 안마당 저쪽에 놓여 있는 청동거울을 흘끔거렸다.

"청동거울은 값이 너무 비싸서 500년 동안 팔리지 않았어. 그동안 난 새까맣게 잊어버리고 말았어. 저 거울에 마법이 들어 있다는 사실을 말이야. 그러다 마침내 임자가 나타났

지. 검은 성의 주인이 천 년 만에 여행에서 돌아왔거든. 며칠 전 성주가 거울을 사 갔어. 그리고 그날 밤 바로 까마귀가 되고 말았지."

하라는 도저히 웃음을 참을 수가 없어 킥킥거렸다. 청동거울을 보며 콧구멍을 후비다가 난데없이 까마귀로 변신하는 장면을 한번 상상해 보라.

"그래서 역주문은 뭔데?"

"나도 처음엔 몰랐어. 창고에 처박아 두었던 마법 책들을 다 꺼내보고서야 알았지. 역주문은 두 단계야. 먼저, 청동거울의 둘레의 길이를 알아내는 거야. 그 다음 문제는 둘레의 길이를 알아내고 나면 청동거울에 쓰여 있을 거라고 했어."

슈피겔이 마침내 까마귀의 날개 치료를 끝냈다. 까마귀는 칭칭 붕대를 감은 몸으로 경중경중 청동거울 쪽으로 걸어갔다.

"거울에 문제가 나왔어!"

까마귀가 깍깍 소리쳤다.

"문제가 뭡니까?"

슈피겔이 거울 쪽으로 달려갔다. 달마와 하라도 서둘러 문제를 보러 갔다.

"청동거울의 넓이를 구하라고?"

슈피겔이 걸음을 멈추고 중얼거렸다.

"아주 쉽군!"

하마터면 달마는 청동거울 앞에서 또 콧구멍을 후빌 뻔했다. 얼른 손가락을 내렸다.

"청동거울의 넓이면 원의 넓이인데……. 그걸 어떻게 구하지? 원에는 가로나 세로, 변의 길이 같은 게 없는데……."

하라는 진땀을 흘렸다.

"그 대신 반지름이 있잖아!"

"반지름?"

"그래, 원의 넓이 공식에는 반지름이 들어 있지. 원을 아주 잘게 잘라서 직사각형을 만들어 봐."

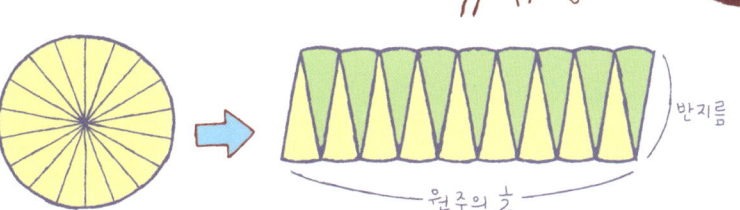

달마가 하라를 보고 눈을 찡긋했다. 그러고는 청동거울의 뒷면을 턱짓으로 가리켰다. 하라는 슬쩍 청동거울 뒤로 돌아가 보았다. 거기에 공식이 있었다.

> **원의 넓이 = 반지름 × 반지름 × 3.14**

"청동거울의 넓이는 3.14제곱미터예요!"

하라가 소리치자 슈피겔이 깜짝 놀란 얼굴로 쳐다보았다.

그 순간 청동거울에서 밝은 빛이 사방으로 뿜어져 나왔다. 그 빛을 받은 까마귀가 다시 사람으로 변신하기 시작했다. 까마귀가 온통 빛에 휩싸여 변신 과정을 제대로 볼 수가 없었다. 검은 성의 주인은 동화 속에 나오는 것처럼 멋진 왕자님일까? 하라는 은근히 기대했다.

이윽고 변신이 끝났다. 어깨에 붕대를 감은 시커먼 털보 거인이 하라의 눈앞에 서 있었다. 한마디로 무지막지하게 생긴 거인이었다. 차라리 까마귀로 그냥 있는 게 더 낫지 않았을까 하는 생각마저 들었다.

"꼬마들, 고마워! 그리고 슈피겔, 다시는 거울에다 장난치지 마!"

털보 거인은 호탕하게 소리치더니 검은 성 안으로 들어갔다.

하라는 조용히 달마의 팔을 잡아끌었다.

"그만 가자."

13 원기둥의 겉넓이

목성에는 달이 참 많기도 하지

하라는 몹시 목이 말라 잠에서 깨어났다. 바싹 마른 목구멍으로 간신히 침을 삼키며 천천히 주위를 둘러보았다. 하라는 어느 집 거실 소파에 누워 있었다. 소파 앞에는 은색 탁자가 놓여 있고, 한구석에는 커다란 은색 냉장고가 있었다. 정면 벽에는 텔레비전이 붙어 있었다. 바닥에는 희한한 무늬의 타일이 깔려 있었다. 그런 대로 꾸며 놓은 것 같긴 한데, 문제는 먼지였다. 모든 가구에 먼지가 부옇게 내려앉아 있었다. 한 십 년은 버려진 집처럼 보였다.

"내가 대체 어디서 잠이 든 거지?"

하라는 소파에서 일어나 창밖을 내다보았다. 도시의 골목이 보이겠거니 생각했는데 웬걸, 아주 기괴한 풍경이 펼쳐졌다. 센 바람이 부는지 밖에도 온통 먼지가 날아다녔다. 집은 한 채도 보이지 않았다. 아니, 그보다 땅바닥이 보이지 않았다. 밤인지 낮인지 도무지 짐작할 수가 없었다. 하늘은 컴컴한 것 같으면서도 불그스레했는데, 달이 네 개나 떠 있었다.

뭐? 달이 네 개라고? 하라가 주먹으로 눈을 비볐다.

"목성에 온 걸 환영해! 지금은 낮이라서 달이 네 개뿐이야. 목성엔 달이 백 개쯤 되지만 말이야."

달마가 문을 열고 들어오며 말했다. 그 틈에 먼지가 한 보따리 따라 들어왔다.

"그럼 여기가 목성이란 말이야?"

"그래, 목성. 여기까지 날 업고 오느라 수고했어. 어때? 와 보니까 마음에 들어?"

목성까지 달마를 업고 와? 헉, 그렇게 된 거였다. 달마는 남의 마음을 읽는 독심술을 터득한 게 틀림없었다. 그런데 그 독심술이 제멋대로인지, 하라가 분명히 비유일 뿐이라고 강조했는데도 그 부분은 싹 빼먹은 모양이다.

"목성에도 사람이 살고 있었어? 이런 집이 다 있고, 신기한데?"

하라는 거실을 가로질러 뚜벅뚜벅 냉장고로 다가갔다. 목성에 대해 탐구를 하기 전에 우선 목부터 축여야겠다. 집 안에

쌓인 먼지로 봐서 냉장고 안에 뭔가 있을 확률은 적어 보였다. 그런데 뜻밖에도 냉장고 안에는 먹을 게 가득 들어 있었다. 정확히 말하자면 크고 작은 은색 깡통들이 차곡차곡 쌓여 있었다.

하라는 음료수 캔 크기만 한 깡통을 꺼냈다. 은색 깡통에는 작은 글씨가 깨알같이 쓰여 있었다.

양배추코코넛주스

유통기한 : 목성 유로파력 508년 25월까지
깡통을 여는 법 : 이 깡통의 겉넓이를 구하라!
주의사항 : 깡통이 열린 뒤 목성의 대기와 화학반응을 일으킬 수 있으니,
곧바로 마셔야 함.

목성에 인류 문명을!
목성 우주휴게소 건설에 앞장서는 우주개발 과학연구소

"양배추코코넛주스? 도대체 어떤 맛일까?"

하라는 깡통을 열려고 이리저리 돌려 보았지만 따개가 보이지 않았다.

"뭐야? 따개가 없잖아?"

"잘 살펴보면 사용법이 적혀 있을 텐데?"

달마가 소파에 앉으며 말했다. 먼지가 풀썩 일었다.

하라는 다시 깡통을 들여다보았다.

"에에? 깡통의 겉넓이를 구하라고? 내 참, 이제는 음료수 하나 마시려고 해도 수학 문제를 풀어야 하다니!"
하라가 불평을 터뜨렸다.
"안 마실 거면 냉장고에 도로 넣어 둬."

"목말라 죽겠단 말이야! 달마, 그러지 말고 얼른 가르쳐 줘."
하라가 애원을 하자 달마가 무거운 몸을 소파에서 일으켰다.
"입체도형의 겉넓이를 알고 싶을 땐 전개도를 그려 보면 돼. 깡통은 원기둥이니까 원기둥의 전개도를 그려 봐."
하라는 먼지가 수북한 바닥에 퍼질러 앉아 원기둥의 전개도를 그리기 시작했다.
"윗면과 밑면은 원이고, 옆면은 잘라서 펴 보면……. 직사각형 모양이 되겠는데?"

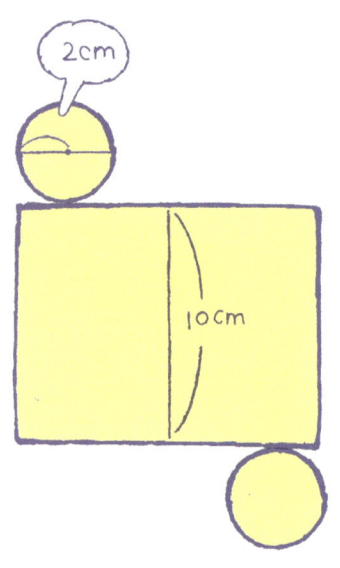

"잘했어! 이제 겉넓이를 구할 수 있겠지? 하라 넌 원의 넓이랑 직사각형의 넓이 공식을 알고 있잖아."
하라는 자신감이 생기자, 계산을 하기 시작했다.
"원의 반지름이 2센티미터. 원의 넓이는 반지름×반지름×3.14니까 2×2×3.14=12.56이야. 그리고 직사각형의 넓이는 가로×세로니까……. 앗! 가로의 길이가 얼마지?"
하라는 당황했다. 직사각형의 세로의 길이, 즉 원기둥의 높이는 쉽게 잴 수 있었지만 가로의 길이는 어떻게 구해야 할지 몰랐다.

"음, 그건 원기둥 모양을 생각해 보면 알 수 있어. 직사각형의 가로는 원의 둘레와 같아."

달마가 도와주었다.

"아하! 원둘레는 지름×3.14이니까 4×3.14=12.56이야. 이게 가로의 길이란 말이지? 그럼 직사각형의 넓이는 12.56×10=125.6! 원이 둘, 직사각형이 하나. 그러니까 원기둥의 겉넓이는 150.72제곱센티미터야!"

하라가 계산을 끝내자마자 깡통 뚜껑이 펑! 하고 열렸다. 하라는 양배추코코넛주스를 꿀꺽꿀꺽 마셨다. 갈증이 싹 가셨다. 주스를 다 마시고 나니 깡통에 공식이 나타났다.

> 원기둥의 겉넓이 = 밑면의 넓이 × 2 + 옆면의 넓이

14 원기둥의 부피

목성으로 배달된 택배

하라와 달마는 그 먼지 많은 집, 그러니까 우주개발 과학연구소가 만들어 놓은 목성 우주 휴게소에서 한동안 행복하고 만족스러운 나날을 보냈다. 텔레비전에서는 지구의 모든 채널이 다 나왔고, 냉장고에는 먹을 것들이 가득했다. 하라는 하루 종일 소파에 누워 빈둥거리면서 겨자를 친 닭 가슴살 요리와 사과소시지파이, 당근콩꼬투리볶음, 건포도체리초콜릿푸딩 등 복잡하고 이상한 요리들을 마구 먹어 치웠다. 양배추 코코넛주스와 고추냉이멜론주스도 잔뜩 있었기에 목이 마를 일도 없었다. 물론 먹을 것들은 모두 다 은색 원기둥 모양 깡통에 들어

있었다. 덕분에 이제 하라는 원기둥의 겉넓이에 대해서라면 자다가 잠꼬대까지 할 정도의 수준이 되었다.

"원기둥의 옆면의 넓이를 알고 싶다고? 간단해. 밑면에 있는 원 보이지? 그 원둘레의 길이에다 원기둥의 높이를 곱하면 돼."

실제로 하라는 지금도 소파에서 잠이 든 채 잠꼬대를 하고 있었다. 손에는 은색 깡통을 꼭 쥐고 있었다.

"흐흐흐……. 하라, 네 몸매가 점점 날 닮아 가는 것 같은데?"

달마가 먼지구덩이 바닥에서 뒹굴며 중얼거렸다. 그 소리를 듣고 하라가 벌떡 일어났다.

"뭐? 내 몸매가 널 닮아 간다고? 말도 안 돼!"

"말이 되는지 안 되는지는 거울을 들여다보면 알 텐데!"

하라는 당장 욕실로 뛰어가 거울을 보았다.

"아아악! 이건 우주적 비극이야! 내 허리가 어디쯤인지 찾을 수가 없어!"

"그렇다니까."

달마는 우주적 비극 따위에는 아랑곳하지 않았다.

"달마! 우리 어서 여길 떠나! 여기에 계속 있다가는 내 몸매가 풍선이 되고 말 거야."

하라가 씩씩거리며 거실로 돌아왔다.

"정말? 언제는 여기가 그렇게 마음에 든다면서?"

"이제 됐어. 충분해. 날마다 수십 개의 달을 구경하는 것도 지겹고, 깡통 요리도 질렸어. 그만 지구로 돌아가고 싶어."

"알았어, 조금만 기다려. 곧 우주선이 배달될 거야. 우주선 없이는 목성의 어마어마한 먼지 폭풍을 뚫고 나갈 수 없어. 알지? 목성은 사실 먼지구름 그 자체라고."

달마는 느릿느릿 일어나서 냉장고를 열고 고추냉이멜론주스를 꺼내 마셨다.

그때였다. 바깥문이 벌컥 열리며 거대한 먼지바람이 밀려들어왔다.

"앗! 이게 뭐야?"

하라는 두 팔로 눈을 가리며 소리쳤다.
"아, 죄송합니다. 하필 날씨가 안 좋을 때 도착했군요. 택배입니다!"
이상한 목소리였다. 꼭 100년 된 라디오에서 나오는 목소리 같았다.
하라는 눈을 떠 보았다. 집 안을 가득 메운 붉은 먼지구름 사이에 한 남자가 커다란 은색 깡통을 들고 서 있었다. 남자는 초록색 우주복을 입고 있었다.
"여기, 서명 좀 부탁드립니다."
"먼 데까지 오시느라 수고 많았습니다. 조심해서 돌아가세요."

달마가 서류에 서명을 하고 은색 깡통을 받아들었다. 택배 배달원이 나가느라 다시 문을 열자 또 한 번 굉장한 먼지바람이 밀려들었다.

"하라! 드디어 우주선이 왔어."

"뭐? 그게 우주선이라고? 날 놀릴 생각 마. 우주선이 어떻게 그렇게 작아?"

하라가 콧방귀를 뀌었다.

"무식한 소리 좀 하지 마. 요즘 우주 여행에는 특수 형상기억합금으로 만든 우주선이 대세야. 부피는 작아도 놀랄 만큼 커진다고. 못 믿겠으면 깡통을 열어 봐."

달마가 은색 깡통을 하라 쪽으로 굴렸다.

"여는 법은 음식 깡통들하고 똑같은 거야?"

하라는 깡통을 살펴보았다.

"어? 이 깡통은 겉넓이가 아니라 부피를 구하라는데?"

"그럼 어서 계산해 봐."

"달마, 난 원기둥의 부피 공식은 모른단 말이야."

하라가 콧소리를 내며 말했다.

"어휴! 애교는 그만둬. 깡통의 밑면을 살펴봐."

하라는 얼른 깡통을 뒤집어보았다. 거기 공식이 있었다.

원기둥의 부피 = 밑면의 넓이 × 높이

"이야! 아주 간단하잖아? 겉넓이보다도 간단해."
하라는 계산을 시작했다.
"반지름이 1미터, 높이가 2미터니까, 1×1×3.14×2는 6.28이네. 깡통의 부피는 6.28세제곱미터!"
그 순간 깡통이 열렸다. 그런데 하라는 주의사항을 제대로 읽지 않아서 하마터면 다칠 뻔했다. 깡통 안에서 은색 우주선이 튀어나오면서 서서히 부풀기 시작했다. 하라는 급히 몸을 피했다. 우주선은 점점 크기가 커지더니 거실을 꽉 채웠다. 두 사람이 타고도 남을 만한 크기였다.
"우아! 굉장해!"
하라가 소리쳤다.
달마는 씽긋 웃으며 느릿느릿 우주선 조종석으로 걸어갔다.

정보 2

도형 영역의 공식 ②
– 중학교 교과서에 나오는 도형

1. 삼각형의 결정조건
- ㉮ 세 변의 길이가 주어질 때
- ㉯ 두 변의 길이와 그 끼인각의 크기가 주어질 때
- ㉰ 한 변의 길이와 그 양끝각이 주어질 때

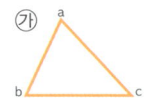 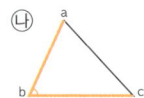 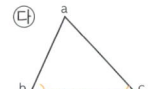

2. 삼각형의 합동조건
(S : 변,　A : 각)
- ㉮ 세 대응변의 길이가 각각 같을 때 (SSS 합동)
- ㉯ 두 대응변의 길이가 각각 같고, 그 끼인각의 크기가 각각 같을 때 (SAS 합동)
- ㉰ 한 대응변의 길이가 각각 같고, 그 양끝각의 크기가 각각 같을 때 (ASA 합동)
  ※ 합동 성질 … 대응변의 길이와 대응각의 크기가 각각 같다.

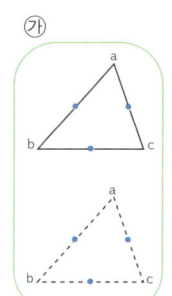 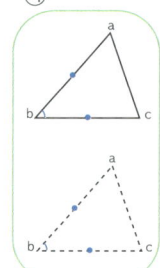 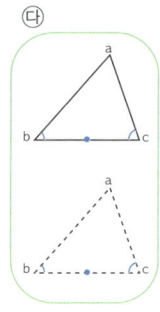

3. 삼각형의 성질
- ㉮ 두 변의 길이의 차 < 다른 한 변의 길이 < 두 변의 길이의 합
- ㉯ 세 내각의 합 = 180°
- ㉰ 삼각형의 한 외각의 크기는 그와 이웃하지 않는 두 내각의 크기의 합과 같다.

4. 다각형의 내각과 외각
- ㉮ n 각형의 내각의 크기의 합 = $180° \times (n-2)$
- ㉯ n 각형의 외각의 크기의 합 = $360°$
- ㉰ n 각형의 대각선의 총수 = $\dfrac{n(n-3)}{2}$
- ㉱ 한 꼭지점에서 그을 수 있는 대각선의 수 = $n-3$

5. 정다면체
정다면체 : 모든 면이 합동이고 모든 꼭지점에 모이는 면의 개수가 같은 다면체

정다면체	정사면체	정육면체	정팔면체	정십이면체	정이십면체
면의 모양	정삼각형	정사각형	정삼각형	정오각형	정삼각형
한 꼭지점에 모이는 면의 개수	3	3	4	3	5

6. 위치 관계

㉮ 평면의 결정 조건
  ⓐ 한 직선 위에 있지 않은 세 점
  ⓑ 한 직선과 그 직선 밖의 한 점
  ⓒ 만나는 두 직선
  ⓓ 평행한 두 직선

㉯ 두 직선의 위치 관계
  ⓐ 한 점에서 만난다 ┐
  ⓑ 일치한다   ├ 한 평면 위에 있다
  ⓒ 평행하다   ┘
  ⓓ 꼬인 위치에 있다 ── 한 평면 위에 있지 않다
  (꼬인 위치 : 공간상에서 만나지도 평행하지도 않은 위치 관계)

㉰ 직선과 평면의 위치 관계
  ⓐ 직선이 평면에 포함된다
  ⓑ 한 점에서 만난다
  ⓒ 만나지 않는다 (평행)

㉱ 두 평면의 위치 관계
  ⓐ 만난다 (교선이 생김)
  ⓑ 일치한다
  ⓒ 만나지 않는다 (평행)

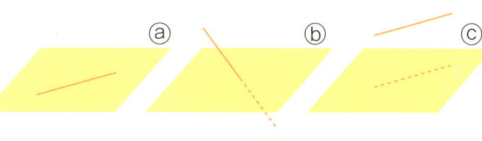

7. 입체도형의 겉넓이와 부피

입체도형		겉넓이	부피
	기둥	2×밑넓이+옆넓이	밑넓이×높이
△	뿔	밑넓이+옆넓이	$\frac{1}{3}$×밑넓이×높이
○	구	$4\pi r^2$	$\frac{4}{3}\pi r^3$

1 혼합계산의 순서

물 위를 달리는 차를 조립하라

열린 창틈으로 시원한 바람이 솔솔 불어왔다. 낮잠을 자다 깬 하라는 하품을 하며 크게 기지개를 켰다. 그러고 나서 창가로 다가가 밖을 내다보았다. 창밖에는 새파란 바다가 펼쳐져 있었다. 철썩철썩하는 파도를 따라 흰 거품이 몰려왔다 사라졌다.

"와아! 바다잖아? 근데 내가 언제 바다에 놀러 왔더라?"

이번에도 달마가 데려왔을 거다. 하라는 이제 아무리 이상한 곳에서

눈을 떠도 놀라지 않았다. 이상한 외계인 달마와 함께 수학 공부를 하려면 전갈들의 행성에 떨어져도 눈 하나 깜짝 하지 않을 만큼 배짱이 있어야 했다.

하라는 문을 찾았다. 얼른 바닷가로 나가 헤엄을 치고 싶었다.

"히익!"

하지만 놀라지 않기란 쉽지 않았다. 하라는 하마터면 발을 잘못 내디뎌 바다에 풍덩 빠질 뻔했다. 그곳은 바다 한복판에 둥둥 떠 있는 집이었다.

"일어났어?"

매끄러운 물개 머리 같은 것이 바닷물 속에서 불쑥 솟아올라왔다. 잠수복을 입은 달마의 머리였다.

"달마, 여긴 어디야?"

"어디긴 어디야, 바다지."

"그 정도는 나도 알아. 근데 왜 집이 바다 한가운데에 떠 있냐고?"

"그야 물론 너에게 수학 공식을 가르쳐 주기 위해서지."

달마는 물에서 올라와 잠수복을 벗었다.

"저기를 봐."

하라는 달마가 가리키는 쪽으로 시선을 돌렸다. 환상적인 해변이 보였다. 야자나무가 줄줄이 늘어서 있고, 모래사장에는 방갈로와 멋진 카페가 여러 채 있었다. 사람들이 해변에서 마음껏 수영을 즐기고 있었다. 원반던지기나 파도타기를 하는 사람들도 보였다. 파라솔 아래 늘어져 시원한 음료수를 마시고 있는 이들도 있었다. 한마디로 천국 같은 해변이었다.

"와아! 달마, 나 저기 가고 싶어."

"그래, 가자."

"배는 어디 있어?"

하라는 주위를 두리번거렸다. 배가 보이지 않았다.

"설마 이 먼 거리를 헤엄쳐서 가야 하는 건 아니겠지?"
하라가 불안한 심정으로 물었다.
"걱정 마. 배보다 더 좋은 게 있으니까."
"그게 뭔데?"
"물 위를 달리는 차!"
하라가 어리둥절해 있는 사이, 달마가 하라를 잡아끌어 집 안으로 데리고 들어갔다.

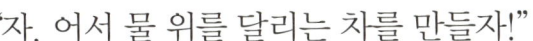

"자, 어서 물 위를 달리는 차를 만들자!"
달마는 벽장 안에서 커다란 상자를 하나 꺼냈다.
"이거 조립해야겠네?"
하라가 상자 뚜껑을 열어 보고 말했다. 상자 안에는 여러 가지 부속품들이 들어 있었다.
"맞아, 네가 조립해. 설명서는 거기에 있을 거야."
하라는 상자를 엎어 부속품들을 모두 꺼냈다. 부속품에는 숫자와 기호가 쓰여 있었다.
"어? 어떤 걸 먼저 조립해야 할지 모르겠는데?"
"거기 기호가 쓰여 있잖아."
"응, 여기엔 +라고 적혀 있고, 이쪽 건 ×, 그리고 여긴 또 - , ÷ 라고 적혀 있어. 또 괄호들도 있네."
"그럼 순서대로 조립해."
"글쎄 그 순서가 뭐냐고?"

"기호를 보고도 몰라? 설마 +, −, ×, ÷가 섞여 있는 혼합계산을 할 줄 모른다는 얘기는 아니겠지?"
달마가 한숨을 푹푹 쉬며 말했다.
"바로 그 얘기야. 나도 계산이라면 자신 있는 사람인데 +, −, ×, ÷가 마구 뒤섞여 있으니까 어떤 걸 먼저 해야 할지 알 수가 없단 말이야."
"쯧쯧, 그럼 파라다이스 해변에 놀러 가긴 다 틀렸군. 먹을 것 하나 없는 이 집에서 며칠 지내다 돌아가자고."
"달마! 그러지 말고 얼른 가르쳐 줘. 공식은 네가 가르쳐 주기로 했잖아!"
하라가 달마를 흘겨보며 소리쳤다.

"좋아, 그럼 혼합계산을 하는 순서를 가르쳐 줄 테니까 잘 들어!"
달마가 소리 높여 공식을 외치자 창문에 공식이 새겨졌다.

혼합계산의 순서

1. 덧셈과 뺄셈이 섞여 있는 식은 앞에서부터 차례로 계산한다.
2. 곱셈과 나눗셈이 섞여 있는 식은 앞에서부터 차례로 계산한다.
3. (   )가 있으면 (   ) 안을 먼저 계산한다.
4. 덧셈과 뺄셈, 곱셈과 나눗셈이 섞여 있는 식은 곱셈과 나눗셈을 먼저 계산한다.
5. (   ), {   }이 섞여 있으면 (   ) 안을 먼저 계산하고, 그 다음 {   } 안을 계산한다.

"오호! 달마, 고마워. 그럼 어디 설명서대로 조립해 볼까?"
하라는 물 위를 달리는 차를 조립하기 시작했다.

2 교환법칙과 결합법칙

파라다이스 해변의 추격전

"이야! 신난다~!"

하라는 물보라를 온몸으로 맞으며 소리쳤다. 달마와 하라는 물 위를 달리는 차를 타고 파라다이스 해변을 향해 전력 질주하고 있었다.

"하라, 조심해! 운전대 똑바로 잡아. 저기 앞에······."

달마가 중얼거렸다.

하라는 물보라 때문에 가늘게 떴던 눈을 크게 떴다. 눈앞에 무언가가 마구 달려오고 있었다. 처음에는 고래나 상어쯤 되는 줄 알고 심장이 멎을 뻔했다. 그러나 운전대를 잽싸게 돌리며 다시 보니, 그건 파도타기를 하는 보드였다. 보드 위에는 기다란 머리를 휘날리며 괴성을 지르는 남자가 타고 있었다.

"야호! 어디 피해 봐라!"

긴 머리 남자는 보드를 다시 하라와 달마의 물 위를 달리는 차 쪽으로 향했다.

"아, 뭐야! 저리 비켜!"

하라는 얼른 운전대를 돌렸다. 그리고 속도를 더 높여 해변 쪽으로 차를 몰았다.

"그냥 갈 수 있을 줄 알아? 이 문제를 풀지 못하면 여길 못 지나간다!"

긴 머리 남자가 보드를 휙 돌리는 바람에 파도의 방향이 바뀌었다. 물 위를 달리는 차가 휘청 흔들렸다. 긴 머리 남자는 멋지게 파도를 타며 하라에게 도전장을 던졌다. 도전장에는 수학 문제가 적혀 있었다.

98 + (2 + 15) =

간단한 계산 문제였지만 파도에 휩쓸리면서 풀기란 쉽지 않았다.

"뭐야, 이거? 어쨌든 풀어 주마. 달마, 괄호 안부터 계산하라 그랬지? 2+15는……."

"하라, 괄호를 무시하고 앞에서부터 더해!"

"뭐? 괄호가 있을 땐 괄호 안부터 계산해야 한다며?"

"이 경우엔 괜찮아. 하라, 얼른! 저 녀석이 또 달려와."

언제나 느긋한 달마가 하도 다급하게 말해서 하라는 시키는 대로 했다. 그런데 이게 웬일? 앞에서부터 계산하니 아주 쉬웠다. 98+2=100, 답이 곧바로 나왔다.

"115!"

하라가 소리치자 맹렬한 속도로 달려오던 파도타기 보드가 갑자기 멈추더니 바닷속으로 가라앉아 버렸다.

"생각보다 빨리 풀었는데? 뽀그르르……."

긴 머리 남자가 바닷물 속으로 빨려 들어가며 말했다.

하라는 이제 야자나무가 늘어선 파라다이스 해변으로 천천히 차를 몰았다. 조금 있으면 저기서 시원한 음료수도 마시고 모래찜질도 할 수 있겠지. 하라는 빙긋 웃으며 유유히 해변으로 다가갔다.

"드디어 도착!"

하라는 물 위를 달리는 차를 모래사장에 세우고 뛰어나갔다.

그때 긴 머리 남자가 바다에서 걸어 나오며 괴성을 지르기 시작했다. 어느새 헤엄을 쳐서 뒤따라온 모양이었다.

"헤이! 이봐! 한 문제로 끝날 줄 알았어? 이리 와! 거기 서!"

남자는 하라를 따라잡았다. 물에 젖은 긴 머리가 미역줄기처럼 등짝에 달라붙어 있었다.

"또 뭔데? 왜 자꾸 귀찮게 하는 거야?"

"이 문제만 풀면 파라다이스 해변에서 마음껏 놀 수 있게 해 주지."

긴 머리 남자가 파도타기 보드를 뒤집었다. 보드 뒷면에 문제가 나타났다.

25 × (4 × 7) =

이번엔 곱셈이었다. 복잡한 곱셈을 종이와 연필도 없이 단숨에 풀 수는 없었다. 하라는 모래사장에 쪼그리고 앉았다. 모래밭에 써서 계산할 생각이었다.

"4×7은 28이고……."

"하라, 이번에도 앞에서부터 곱하면 쉬워. 네가 만약 25×4가 100이란 걸 알고 있다면 더 쉽겠지."

"뭐라고?"

하라는 입을 딱 벌리고 달마를 바라보았다. 이건 뭐 답을 다 알려 준 거나 다를 바 없었다. 25×4가 100이라면 답은 간단했다.

"700……."

하라가 중얼거리자 긴 머리 남자가 발바닥으로 땅을 쿵쿵 굴렀다.

"에이, 다 맞혔잖아. 얘는 왜 이렇게 수학을 잘하는 거야?"

남자는 화를 내며 하라에게 종이 한 뭉치를 건넸다. 종이 뭉치는 모두 초대권이었다. 방갈로 무료 초대권, 카페 초대권, 불꽃놀이 초대권, 원반던지기 초대권, 민속놀이 초대권 등등.

"우아! 모두 다 공짜야!"

하라는 신이 나서 폴짝폴짝 뛰며 달마에게 초대권을 보여 주었다.

"다 내 덕인 줄 알아."

"근데 달마, 어째서 자꾸 괄호를 무시하고 계산하라고 한 거야? 아까는 괄호 안부터 계산해야 한다고 했잖아."

하라는 궁금했던 것을 물었다.

"혼합계산일 때는 그렇지. 하지만 덧셈만 있거나 곱셈만 있을 때는 괄호를 무시해도 상관없어. 어느 쪽부터 먼저 계산하든 상관없으니까 계산이 편리한 쪽부터 계산하면 돼. 원래 그런 법칙이 있거든."

달마는 공중에 작은 구름을 띄우더니 그 안에 공식을 보여 주었다.

교환법칙: a+b=b+a, a×b=b×a
결합법칙: a+b+c=(a+b)+c=a+(b+c)
a×b×c=(a×b)×c=a×(b×c)

"참, 그리고 이것도 외워 두면 계산할 때 도움이 될 거야."
달마가 보너스 공식을 날렸다.

5×2=10   25×4=100   125×8=1000

3 등식의 성질

내 생애 최고의 날?

펑펑! 펑! 펑!

컴컴한 저녁 하늘에 색색 불꽃이 터졌다. 주황, 보라, 노랑 등 하나의 색깔로 이루어진 불꽃이 있는가 하면, 여러 가지 색이 뒤섞여 환상적인 모양을 보여 주는 불꽃도 있었다. 하라는 고개를 쳐든 채 입을 다물지 못했다.

"와아, 너무 멋져! 난 커서 불꽃 만드는 사람이 될 거야."

"불꽃놀이가 그렇게 좋아? 그럼 수학 공부 열심히 해. 아름다운 곡선을 만들려면 수학을 잘 알아야 하니까."

"에이, 또 수학이야? 오늘 같은 날은 수학 공부는 잠깐 잊어버리자고."

오늘은 정말 행복한 날이었다. 하라

와 달마는 파라다이스 해변에서 실컷 해수욕을 했다. 원반던지기랑 파도타기도 지치도록 하고, 파라솔 아래 길게 누워 낮잠도 원 없이 잤다. 배가 고프거나 목이 마르면 카페에 마음껏 주문을 했다. 긴 머리 남자가 준 초대권 덕분에 모든 게 공짜였다. 이제 멋진 하루의 마지막을 불꽃놀이가 장식하고 있었다.

두 시간째 고개를 쳐들고 있었더니 목이 너무 아파서 하라는 천천히 목을 돌렸다. 그 순간 하라의 눈에 불꽃이 빛났다. 뭐지? 하라는 눈을 깜박였다. 하늘에 쏜 불꽃인가 했더니 그게 아니었다. 불꽃보다 더 아름다운 남자가 하라의 눈앞에 나타난 것이었다. 푸른색 셔츠와 청바지를 입은 남자의 몸매는 가히 예술이었다. 기다란 팔다리가 사슴 같았다. 얼굴은 더 훌륭했다. 눈, 코, 입 어디 하나 흠잡을 데 없는 완벽한 꽃미남이었다.

"우아! 정말 완벽해."

하라는 그 남자에게서 눈을 떼지 못했다. 그때 믿을 수 없는 일이 일어났다. 꽃미남이 고개를 돌려 하라를 보고는 살짝 미소를 짓는 것이었다. 하라는 혹시 자기 뒤에 멋진 여자가 서 있는 건 아닐까 하고 뒤를 돌아보기까지 했다. 하지만 아무도 없었다. 꽃미남은 분명 하라를 보고 미소 지은 거였다.

"아아, 정말 오늘이 내 생애 최고의 날이 될 모양인데?"

하라는 너무 행복해서 쓰러질 지경이었다.

"안녕? 불꽃놀이 정말 멋지지?"

꽃미남이 천천히 하라를 향해 걸어오더니 말을 걸었다. 목소리까지 완벽했다. 너무 떨려서 하라가 아무 대답도 못하고 고개만 끄덕거리는데, 꽃미남이 다시 입을 열었다.

"사과하고 오렌지가 있는데……."

"네?"

꽃미남이 손에 들고 있던 바구니를 들어 보였다. 바구니 안에는 새파란 사과와 탱탱한 오렌지가 가득 들어 있었다.

"난 여기 파라다이스 해변의 유일한 과일장수야."

꽃미남이 가지런한 이를 드러내며 웃었다.

'헉! 이렇게 멋진 남자가 과일장수라니…….'

그럼 그렇지. 꽃미남이 하라를 보고 웃는 까닭은 과일을 팔려는 거였다. 사연이야 어떠하든 하라는 과일을 꼭 사 주고 싶었다. 바구니째로 사 주고 싶었다. 하지만 하라에게는 돈이 한 푼도 없었다.

"달마!"

하라는 그제야 달마를 찾았다. 갑자기 어디로 갔는지 달마가 보이지 않았다.

"필요할 때는 꼭 사라진다니까."

하라는 낮은 소리로 투덜거린 후, 표정을 싹 바꾸어 꽃미남을 바라보았다.

"저, 지금은 돈이 없는데……."

"돈? 돈은 필요 없어. 과일 값을 알아맞히면 과일은 얼마든지 먹을 수 있어."

꽃미남이 과일 바구니를 내려놓았다.

"자, 잘 들어봐. 사과와 오렌지를 다섯 개씩 사면 전부 합해서 값이 1650원이야. 사과 값은 오렌지 값보다 50원이 더 비싸. 사과와 오렌지는 각각 얼마일까?"

결국 또 수학이 등장하고야 말았다. 하라는 한숨을 푹 내쉬었다.

"오렌지 값+50=사과 값이고, 다섯 개씩 사면……."

하라는 낑낑대며 문제를 풀기 시작했다. 어떻게든 정답을 맞혀서 꽃미남을 기쁘게 해야만 했다.

> 사과 = 오렌지+50
>
> 5×(사과 +오렌지) = 1650
>
> 즉,
>
> 5×(오렌지 + 50 +오렌지) = 1650

"이 다음에는 어떻게 해야 하지?"

하라는 머리를 긁적였다. 여기까지 식을 세운 것만 해도 대단한 일이었다.

"등식의 성질을 이용해!"

달마 목소리였다.

"달마, 등식의 성질을 이용하라니?"

하라는 주위를 두리번거렸다. 달마의 모습은 보이지 않았다. 목소리만 들려왔다.

"등호는 양쪽이 같다는 뜻이야. 그러니까 양쪽에 같은 수를 더하거나 빼거나 곱하거나 0이 아닌 수로 나누어 줘도 여전히 같아. 식으로 나타내 볼까?"

> **등식의 성질**
> $a=b$이면,
> $a+c=b+c$　$a-c=b-c$　$a \times c=b \times c$
> $a \div c=b \div c$ (이때 c는 0이 아님.)

아이 참. 그거 그러니까.

그래도 하라는 뭘 어떻게 해야 할지 몰랐다. 손톱 끝만 깨물고 있는 하라가 답답했던지 달마가 휙 나타나더니 문제를 풀기 시작했다.

5× (오렌지 + 50 +오렌지) = 1650이니까,

5× (오렌지 × 2 + 50) = 1650

여기서 등식의 성질을 이용해! 양쪽을 5로 나누어 줘.

오렌지 × 2 + 50 = 330

또, 등식의 성질을 이용해! 양쪽에서 50을 빼 주는 거지.

오렌지 × 2 = 280

다시 한 번, 등식의 성질을 이용해! 양쪽을 2로 나누어 줘.

오렌지 = 140(원),

그리고 사과는 오렌지+50이니까 190(원)

짝짝짝!
 박수소리가 들렸다. 하라는 그제야 정신을 차리고 돌아보았다.
꽃미남이 박수를 치고 있었다. 꽃미남의 눈동자에는 감탄의 빛이 어려 있고, 입가에는 커다란 미소가 걸려 있었다. 하지만 그 미소는 하라를 향한 게 아니었다.
 "정말 대단하십니다. 너무 멋져요."
 꽃미남은 과일 바구니를 달마에게 내밀며 윙크까지 했다.
 "아, 뭘요. 과일은 하라에게 주세요."
 "그럴 순 없습니다. 이 과일은 꼭 답을 맞힌 사람에게 주게 되어 있습니다."
 꽃미남은 달마에게 몸을 바짝 들이대며 과일 바구니를 안겼다.

"이렇게 멋진 분을 만나게 되다니……."

이제 꽃미남의 눈동자에는 거의 하트 모양이 그려져 있었다. 하라는 한숨을 푹 내쉬었다. 수학을 못하는 사람은 사랑도 얻을 수 없단 말인가. 한편 사랑의 승자 달마는 그 사랑이 조금도 달갑지 않은 모양이었다. 그도 그렇겠지. 꽃미남이 아무리 예뻐도 남자란 말이다.

"하라, 얼른 가자!"

달마가 꽃미남에게서 간신히 몸을 빼내며 하라를 잡아끌었다.

"어, 어디로?"

"일단 튀어!"

하라는 달마에게 이끌려 모래밭을 달리며 뒤를 돌아보았다. 꽃미남이 두 눈에 눈물을 글썽이며 서 있었다. 그 모습을 보는 하라의 가슴도 찢어질 것만 같았다.

4 배수를 쉽게 알아보는 공식

고양이 털 속 세상

　햇살이 말갛게 빛났다. 구름 한 점 없이 새파란 하늘이 반짝이는 가을날이었다. 하라는 마루에 누워 창문 너머로 멍하니 하늘을 바라보고 있었다. 하라 옆에는 탐스러운 하얀 털을 자랑하는 고양이 이로리가 낮잠을 자고 있었다. 지금 이로리는 자기가 초원의 왕 사자가 된 꿈을 꾸는 중이었다. 기분이 아주 좋았다. 사자 이로리가 갈기를 휘날리며 끝없이 펼쳐진 들판을 어슬렁거리며 걷고 있었다.

하라가 손을 뻗어 이로리의 털을 쓰다듬었다. 복슬복슬한 털이 만져졌다.

"아유, 넌 어쩜 이렇게 보드랍니? 네 털 속에 푸욱 파묻히고 싶다."

하라는 웃으며 이로리의 털을 살살 헤집었다.

한편 이로리는 별로 기분이 좋지 않았다. 한낱 인간이 감히 초원의 왕 사자의 갈기를 쓰다듬다니! 이로리는 몸을 외로 비틀며 고개를 돌렸다.

그 순간이었다. 하라가 이로리의 털 속으로 빨려 들어갔다. 도대체 그게 말이 되느냐고? 덩치 큰 하라가 어떻게 자그마한 고양이의 털 속으로 들어가느냐고? 그렇다. 말로만 들으면 도무지 있을 수 있는 일이 아니다. 그러나 바로 그 일이 벌어졌다. 하라는 블랙홀에 빨려 들어가는 것처럼 이로리의 하얀 털 속 세상으로 쑤욱 빨려 들어갔다. 그러니까 말하자면 하라가 먼지만큼 작아진 것이었다.

"아앗, 안 돼!"

하라의 눈앞에 이로리의 흰 털들이 거대한 자작나무 숲처럼 펼쳐졌다. 먼지만큼 작아진 하라는 털 숲에서 길을 잃고 헤맸다. 게다가 털 속 세상에는 하라 혼자만 있는 게 아니었다. 털 속 세상의 주인인 진드기들이 일제히 하라를 노려보았다. 난데없이 웬 침입자야? 하는 표정들이었다.

"하라, 어때? 보드라운 털 속 세상이 마음에 들어?"

음, 역시나 달마의 목소리였다.

"보드랍긴! 털들이 자작나무처럼 커다래졌는데! 달마, 왜 이런 거야? 어쩌려고 날 이렇게 작게 만들어 버린 거야?"

하라가 큰소리로 투덜거렸다.

그때 하라의 목소리를 뒤덮는 천둥소리같이 어마어마한 소리가 울려 퍼졌다. 그건 다름 아닌 이로리의 야옹! 소리였다. 하라는 귀를 틀어막으며 털 숲을 뒹굴었다. 진드기들은 아무렇지도 않아 보였다. 아마 그것들은 귀가 없는 모양이었다. 하라는 두 귀를 막은 채 주위를 두리번거렸다. 달마가 어디에 있는지 찾아보려는 거였다.

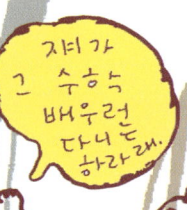

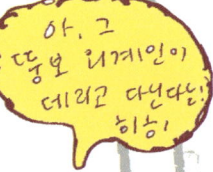

"날 찾는 거야? 나 여기 있어. 털구멍 안에."

하라는 소리가 들려오는 털구멍을 유심히 들여다보았다. 거기 있었다. 달마는 하라보다 더 작아져서 이로리의 털구멍 속에 폭 잠겨 있었다.

"흥, 아주 편안해 보이는데?"

"마음을 고쳐 먹으면 돼. 작아졌을 땐 작아진 자기 자신을 그대로 받아들이면 되거든."

"너나 그렇게 해! 난 고양이 털 속에서 살고 싶진 않다고. 빨리 나를 다시 크게 만들어 줘."

하라가 씩씩대며 말했다. 그러자 이로리가 다시 야옹! 하는 천둥소리로 대답했다. 아무래도 이로리는 하라가 떠드는 걸 좋아하지 않는 것 같았다.

"다시 커지고 싶으면 배수를 알아보는 공식을 외우면 돼."

달마가 털구멍 속에서 대답했다.

"배수를 알아보는 공식?"

"그래, 한번 해 볼래? 200은 2의 배수일까, 아닐까?"

"짝수니까 당연히 2의 배수겠지."

"좋았어, 그럼 3의 배수일까, 아닐까?"

"아닐 것 같은데? 왠지 느낌이……."

"쯧쯧, 수학은 느낌으로 하는 게 아냐. 생각을 해 봐. 200은 4의 배수일까, 아닐까?"

"아, 몰라!"

하라가 고개를 홱 돌렸다. 이로리의 털 숲이 휘리릭 흔들렸다.

"그럼 평생 이 고양이 털 숲에서 살든가."

"달마, 제발!"

"계속할래? 200은 5의 배수일까, 아닐까?"

"음, 맞는 것 같아. 5의 배수는 언제나 끝자리가 0 아니면 5니까."

"오, 훌륭해! 너도 생각을 좀 하는데? 좋아. 마음에 들었어. 이제 내가 배수를 쉽게 알아보는 공식을 가르쳐 주지."

달마가 털구멍 속에서 기어 나오더니 고양이 등짝에다 공식을 새겼다.

2의 배수: 일의 자리 숫자가 0이나 짝수이면 2의 배수.
3의 배수: 각 자리의 숫자를 모두 더한 합이 3의 배수이면 3의 배수.
4의 배수: 끝의 두 자리 숫자가 4의 배수이거나 00으로 끝나면 4의 배수.
5의 배수: 일의 자리 숫자가 0 또는 5이면 5의 배수.
6의 배수: 일의 자리 숫자가 짝수이면서, 각 자리의 숫자를 더한 합이 3의 배수이면 6의 배수.
7의 배수: 일의 자리 숫자를 떼어낸다. 남은 숫자에서, 일의 자리 숫자에 2를 곱한 수를 뺀다. 그 수가 7의 배수이면 7의 배수. (네 자리 숫자 이상의 큰 수가 아닌 경우에는 직접 7로 나누어 보는 게 더 편하다. 7로 나누어떨어지면 7의 배수.)

*1526이 7의 배수인지 알아보려면, 일의 자리 숫자 6을 떼어내고 남은 숫자 152에서 일의 자리 숫자 6에 2를 곱한 수 12를 뺀다.
⇒ 152-12=140

140이 7의 배수이므로 1526도 7의 배수다.

8의 배수: 끝의 세 자리가 8의 배수이거나 000으로 끝나면 8의 배수.
9의 배수: 각 자리의 숫자를 더한 합이 9의 배수이면 9의 배수.

"아, 복잡해! 이렇게 많은 걸 다 외우란 말이야?"
"한번 외워 두면 두고두고 쓸 일이 있을 거야. 외우기 싫으면 이로리 털 속 세상에서……."
"알았어, 알았다고!"
하라는 진드기 떼가 노려보는 가운데 공식을 외우기 시작했다. 2의 배수를 알아보는 공식을 외우고 나니 하라의 몸이 두 배로 커졌다. 진드기들이 깜짝 놀란 표정을 지었다. 3의 배수 공식을 다 외웠더니 하라가 세 배로 커졌다. 진드기 떼가 재빨리 도망을 쳤다. 몹시 어려운 7의 배수 공식을 외울 때쯤에는 하라의 몸은 벌써 이로리 털 밖으로 나와 있었다.

"끝났다!"

공식을 모두 외우고 나자 하라의 몸은 보통 크기로 돌아와 있었다. 이로리의 야옹거리는 소리가 하라의 귓가를 살살 간질였다.

"흐흐, 이 귀여운 녀석이 아까는 그렇게 무시무시했다니."

하라는 이로리의 털을 가만가만 쓰다듬었다. 이제야 사자 꿈에서 깨어난 이로리는 얌전히 가르릉거렸다.

5 최대공약수와 최소공배수 ①

이로리와 다다의 대결

"이로리! 이로리! 어디 가?"

이로리가 갑자기 열린 문틈으로 재빠르게 빠져나갔다. 하라는 서둘러 이로리의 뒤를 쫓으며 소리쳤다.

"이로리! 바깥세상은 위험해. 너처럼 하얀 털을 가진 고양이가 돌아다닐 곳이 못 된다고."

이로리는 하라의 말을 들은 척도 하지 않고 제 갈 길을 가느라 바빴다. 담장을 타고 재빠르게 내달리더니 옆 골목으로 사라져 버렸다.

"이로리, 거기 서!"

하라는 헉헉대며 옆 골목으로 접어들었다. 골목 한가운데 개 한 마리가 버티고 서 있었다. 이로리처럼 하얀 털을 가진

개였다. 크기도 딱 이로리만 했다. 이로리와 하얀 개는 마주서서 가만히 서로를 노려보고 있었다.

"다다! 다다, 어딜 가는 거야?"

반대쪽에서 남자아이가 달려오며 소리쳤다. 개 주인인 모양이었다. 남자아이는 빡빡머리에 검은색 도복 같은 옷을 입고 있었다.

가운데에 고양이 이로리와 개 다다를 두고, 고양이 주인 하라와 개 주인 남자아이가 마주섰다. 멍멍멍! 개가 먼저 짖기 시작했다. 작은 몸집에 비해 목소리는 꽤 우렁찼다. 그에 질세라 이로리도 째지는 소리로 야옹거렸다.

"이런! 개와 고양이가 싸움이라도 하려는 거야? 그래 봤자 당연히 우리 다다가 이기겠지."

빡빡머리가 말했다.

"무슨 소리야? 우리 이로리가 이길걸?"

하라는 저도 모르게 이렇게 대꾸했다. 개와 고양이가 싸우다니 이게 웬일인지 모르겠지만, 일단 싸우면 자기 고양이가 이겨야 할 것 같았다.

"멍멍멍!"

"야옹야옹!"

개와 고양이 소리가 골목을 짜랑짜랑 울렸다. 잘 들어 보면 이로리와 다다는 지금 이런 대화를 나누는 중이었다.

"너도 나처럼 하얀 털이구나? 하지만 보드라운 내 털보다는 못한데?"

"쳇, 웃기지 마. 내 하얀 털은 혈통 좋은 애완견에게서만 볼 수 있는 순도 100% 고급 털이라고."

이로리와 다다의 말을 알아들을 리 없는 하라와 빡빡머리는 둘의 싸움을 말리려고 각자 조심스럽게 자기 애완동물에게로 다가갔다.

"자, 여러분! 모두 모였군요. 이제 수학 공부를 할 시간이에요."

요란하게 꾸민 목소리였지만 하라는 금방 알아들을 수 있었다. 바로 달마의 목소리였다. 달마는 또 여기 웬일이란 말인가?

"달마, 이 상황에 수학 공부라니?"

하라가 뒤를 돌아보며 물었다. 하지만 달마는 하늘에서 내려오고 있었다. 뚱뚱한 몸매에 어울리지 않게 달마는 등에 천사 날개 같은 것을 달고 팔랑거리며 내려왔다.

"이로리의 털 개수는 16만 개, 다다의 털 개수는 28만 개. 간단하게 줄여서 16과 28이라고 하지요. 그럼, 문제! 두 수의 최대공약수와 최소공배수는 얼마일까요?"

달마가 상상을 초월하는 가벼운 몸놀림으로 땅바닥에 착지하며 문제를 냈다.

"최대공약수? 최대공배수? 그게 뭔데?"

빡빡머리가 고개를 갸웃거렸다.

"하하하! 나보다 더 무식한 애잖아? 세상에 최대공배수가 어디 있냐? 최소공배수지."

하라가 신나게 비웃었다.

"어? 그럼 하라 넌 알고 있는 거야?"

달마가 눈을 둥그렇게 뜨고 물었다.

"당연하지! 최대공약수는 두 수의 공약수 중에서 가장 큰 수. 최소공배수는 두 수의 공배수 중에서 가장 작은 수."

하라가 당당하게 허리를 펴고 말했다. 그 사이에 이로리가 다다에게 다가가더니 앞발로 다다의 옆구리를 한 대 쳤다. 다다의 털 개수가 더 많다는 데에 화가 나 버린 것이었다.

"야! 네 고양이가 우리 다다를 때리잖아!"

도복 입은 빡빡머리가 펄펄 뛰며 소리쳤다. 빡빡머리는 다다를 붙잡아 안았다. 다다는 빡빡머리에게서 빠져나가려고 용틀임을 하며 짖어 댔다.

"어머, 이로리. 그럼 안 돼."

하라는 최대한 느린 동작으로 이로리를 데려다 안았다. 아무래도 이로리의 선방에 기뻐하는 눈치였다.

"자, 싸우지들 말고 어서 문제를 풀라고. 틀린 사람은 상대

편 애완동물의 털 속 세상으로 들어가야 하니까."

달마가 말했다.

"그런 게 어디 있어? 왜 그래야 하는데?"

이미 고양이의 털 속 세상에 들어가 본 적 있는 하라가 볼멘소리를 했다.

"싫으면 얼른 둘이 힘을 합해서 문제를 풀어."

"알았어. 야, 빡빡머리! 내가 16의 약수를 구할 테니까 넌 28의 약수를 구해."

하라가 빡빡머리에게 말했다.

"약수가 뭔데?"

"으이그, 정말! 약수도 몰라? 나누어떨어지는 수잖아."

하라의 구박에 빡빡머리는 머리카락도 없는 뒤통수를 긁적였다.

하라는 재빨리 16의 약수를 구했다.

1, 2, 4, 8, 16.

빡빡머리는 한참 동안 헤매다가 겨우 28의 약수를 구했다.

1, 2, 4, 7, 14, 28.

"두 수의 공약수는 1, 2, 4. 그러니까 최대공약수는 4야."

하라가 대답했다.

"맞았어, 최소공배수는?"

"빡빡머리! 28의 배수를 구해."

하라는 빡빡머리에게 명령을 내리고 자기는 16의 배수를 구했다.

16, 32, 48, 64, 80, 96, 112…….

빡빡머리는 힘겹게 28의 배수를 구했다.

28, 56, 84, 112…….

"드디어 나왔다. 최소공배수는 112야!"

하라가 기뻐하며 소리쳤다.

"맞았어, 하지만 꽤 오래 걸렸는데?"

달마가 손목시계를 들여다보며 말했다.

"시간이 무슨 상관이야? 답만 맞으면 되지."

"그래? 시험 볼 때는 아마 시간이 제한되어 있을 텐데?"

"치, 그래서 어떡하라고?"

"그야 내가 간단하게 최대공약수와 최소공배수를 구하는 방법을 가르쳐 주겠다는 거지. 공식 말이야."

달마가 윙크를 하며 말했다. 그건 정말 말이 윙크지, 세모 난 얼굴에 쭉 그어진 금이 찌그러지는 것과 같았다. 하라는 그래도 꾹 참았다.

"진작 그럴 것이지. 달마! 얼른 공식을 가르쳐 줘."

최대공약수와 최소공배수를 구하는 방법

첫 번째 방법 : 소인수분해. 쪼갤 수 있는 한 가장 작은 수의 곱으로 나타낸다.
$16 = 2 \times 2 \times 2 \times 2$, $28 = 2 \times 2 \times 7$.
이때 공통되는 곱인 2×2, 즉 4가 최대공약수이다.
그리고 공통되는 곱에다 남은 수들을 곱한 수가 최소공배수이다.
$2 \times 2 \times 2 \times 2 \times 7$, 즉 112가 최소공배수가 된다.

두 번째 방법 : 공약수로 나눈다.

```
2) 16  28
2)  8  14
    4   7
```

나눈 공약수들의 곱, 2×2가 최대공약수이고,
왼쪽과 아래쪽에 있는 모든 수의 곱, $2 \times 2 \times 4 \times 7$이 최소공배수가 된다.

6 최대공약수와 최소공배수 ②

콜라와 바나나우유 공짜로 마시기

"내 덕분인 줄이나 알아! 나 아니었으면 넌 지금 고양이 털 속 세상에 있었을 거야."

하라가 고개를 치켜들고 잘난 척을 했다.

"뭐가 뭔지 하나도 모르겠네. 고양이 털 속 세상이라니?"

빡빡머리가 또 다시 뒤통수를 긁적였다. 빡빡머리의 품속에서 다다가 고개를 쏙 내밀고 있었다.

"넌 안 들어가 봐서 모를 거야. 털 속 세상은 정말 끔찍해. 털들이 자작나무 숲처럼 거대하고, 안에는 진드기들이 가득 살고 있어."

하라가 진저리를 치며 말했다.

"진드기? 넌 네 고양이 목욕도 제대로 안 시키는구나?"

"뭐? 너 정말 고마운 줄도 모르고!"

하라가 화를 내자 하라의 품에 안겨 있던 이로리도 덩달아 가르릉거렸다.

"아, 미안해. 우리 다다는 진드기 따위는 키우지 않거든. 아무튼 고마워. 그런 의미에서 내가 시원한 음료수 살게."

빡빡머리는 편의점으로 성큼성큼 걸어갔다. 하라는 투덜거리면서도 뒤를 따라갔다. 수학 공부를 너무 열심히 했더니 목이 마른 것도 사실이었다.

"뭐 마실래?"

빡빡머리가 물었다.

"난 콜라."

하라는 냉큼 콜라를 집어 들며 말했다.

빡빡머리는 냉장고 앞에서 고개를 갸웃거리며 한참 동안 서 있었다.

"왜 그래?"

"바나나우유 말이야."

"바나나우유가 왜?"

"바나나우유 값은 바나나 값에다 우유 값을 곱한 값이지?"

빡빡머리가 말했다.

"뭐? 너 도대체 어디서 온 애냐? 그런 계산법이 어디 있어?"

하라는 어이가 없었다.

"난 검은 무술나라에서 왔어."

"검은 무술나라고 흰 무술나라고 간에 그런 이상한 계산법은 집어치워."

하라가 바나나우유를 휙 집어 들고는 계산대로 갔다.

"콜라 하나랑 바나나우유 하나요. 얼마예요?"

"아, 지금은 특별 이벤트 기간이에요. 콜라 값과 바나나우유 값의 공약수를 알아내면 모두 공짜랍니다."

점원이 상냥하게 미소 지으며 말했다.

"와! 정말이에요? 그럼 얼른 콜라 값과 바나나우유 값을 알려 주세요. 공약수 구하는 건 자신 있거든요."

"콜라 값과 바나나우유 값은 비밀이에요. 그 대신 콜라 값과 바나나우유 값의 최대공약수를 알려 드리죠. 두 수의 최대공약수는 12예요."

"네에?"

하라는 어리둥절했다. 두 수를 알려 주지도 않고서 공약수를 구하라니! 이거야 원, 빡빡머리가 왔다는 검은 무술나라의 계산법보다도 더 이상했다.

"빡빡머리! 안되겠다. 공짜로 먹긴 다 틀렸어. 돈 내!"

하라가 한숨을 쉬며 말했다.

"그럴 순 없어. 특별 이벤트에 응모해야지!"

난데없이 빡빡머리가 의지를 불태웠다. 두 주먹까지 꽉 쥐었다.

"하지만 두 수를 알려 주지도 않는단 말이야."

"그 대신 최대공약수를 알려 줬잖아. 아까를 기억해 봐. 두

수의 공약수가 1, 2, 4였을 때 최대공약수는 4였어."

"그래서?"

"두 수의 공약수는 두 수의 최대공약수의 약수랑 같단 얘기지. 그러니까 콜라 값과 바나나 우유 값의 공약수는 최대공약수 12의 약수일 거야. 12의 약수는 1, 2, 3, 4, 6, 12."

빡빡머리의 말이 끝나자마자 편의점에 팡파르가 울려 퍼졌다. 천장에서는 오색 색종이 조각들이 쏟아져 내렸다. 점원이 요란하게 박수를 쳤다.

"아주 훌륭해! 그렇게 짧은 시간에 수학 실력이 놀랍도록 발전하다니."

점원이 가면을 벗었다. 음, 이건 놀랄 일도 아니었다. 가면 속에서 세모난 달마의 머리통이 나타났다. 달마가 편의점 안에 공식 풍선을 띄웠다.

두 수의 공약수는 두 수의 최대공약수의 약수
두 수의 공배수는 두 수의 최소공배수의 배수

빡빡머리는 바나나우유를 마시며 뿌듯한 표정으로 공식을 바라보았다. 하라는 말없이 콜라를 쭉 들이켰다.

깜짝 Quiz

어떤 수를 4로 나누어도 3이 남고, 6으로 나누어도 3이 남습니다. 어떤 수 가운데 가장 작은 수는 얼마일까요? (최소공배수를 응용해 보세요.)

정답 : 15

정보 3

연산 영역의 공식 ①
— 연산의 기본

길이의 단위
1cm=10mm, 1m=100cm, 1km=1000m

무게의 단위
1g=1000mg, 1kg=1000g, 1t=1000kg

들이의 단위
1kℓ=1000ℓ, 1ℓ=1000㎖

부피의 단위
한 모서리가 1cm인 정육면체의 부피를 단위로 사용, 1㎤
1㎥=1000000㎤

들이와 부피의 단위 사이의 관계
1㎖=1㎤, 1ℓ=1000㎤, 1000ℓ=1㎥

시간의 단위
1분=60초, 1시간=60분, 1일=24시간
1주=7일, 1개월=30일(28~31일),
1년=12개월=365일

자연수
셀 수 있는 수. 1, 2, 3, 4, 5……

홀수
2로 나누었을 때 나머지가 1인 수.
1, 3, 5, 7……

짝수
2로 나누었을 때 나누어떨어지는 수.
2, 4, 6, 8……

소수
1을 10으로 나누어 그 중의 하나를 0.1로 나타낸다.

분수
1을 10으로 나누어 그 중의 하나를 $\frac{1}{10}$로 나타낸다.

단위분수 | 분자가 1인 분수
진분수 | 분자가 분모보다 작은 분수
가분수 | 분자가 분모보다 큰 분수
대분수 | 자연수와 분수로 이루어진 분수

통분
분모를 같게 하는 것
$$\frac{a}{b} + \frac{c}{d} = \frac{a \times d + b \times c}{b \times d}$$

약분
분모, 분자를 최대공약수로 나누어 간단하게 하는 것
$$\frac{a \times c}{b \times c} = \frac{a}{b}$$

⟨등식의 계산⟩

덧셈을 뺄셈으로
3+5=8 ➜ 3=8−5 또는 5=8−3

뺄셈을 덧셈으로
8−3=5 ➜ 8=5+3

곱셈을 나눗셈으로
3×5=15 ➜ 5=15÷3 또는 3=15÷5

나눗셈을 곱셈으로
15÷3=5 ➜ 15=5×3

거듭제곱 | 같은 수를 여러 번 곱한 수
$2^2 = 2 \times 2$
$2^3 = 2 \times 2 \times 2$
$2^4 = 2 \times 2 \times 2 \times 2$

⟨문자와 식⟩

$a \times 3 = 3a$
$a \div 5 = \frac{a}{5}$
$2 \times a \times a = 2a^2$

7 분수의 덧셈과 뺄셈

얼어붙은 산의 나라

휘이이잉, 휘이이잉…….

바람 소리가 살아 있는 짐승 울음소리처럼 들렸다. 어마어마하게 센 바람이었다. 하라는 바위틈에 몸을 숨긴 채 꼼짝도 하지 않았다. 찬비에 우박이 섞여 내렸다. 가끔씩 주먹만 한 우박이 하라의 등을 두드렸다. 그 와중에 벼락까지 쳤다. 번쩍 하늘이 빛나는가 싶더니 우르릉 꽝! 하고 천둥소리가 귀청을 때렸다.

"아이고, 무서워라. 차가워, 축축해, 추워! 여기는 도대체 어디야?"

하라는 고개도 들지 못하고 중얼거렸다. 말 그대로 차갑고 축축한 비에다 센 바람 때문에 춥고 고달파서 다른 생각은 아무것도 들지 않았다. 그저 이 불편함에서 벗어나고픈 생각뿐이었다. 하라는 자기가 어떻게 해서 바위틈에 쭈그리고 있는 건지 알지 못했다. 다만 모든 게 달마의 소행일 거라는 것만 짐작할 따름이었다.

"달마! 어디 있어? 추워 죽겠다고."

하라는 계속 중얼거렸다.

딸랑 딸랑……. 어디선가 희미한 방울 소리가 들려왔다. 방울 소리에 섞여 "워, 워……." 하는 사람 목소리도 들렸다. 하지만 방울 소리와 사람 소리가 어느 쪽에서 들려오는지 알 수 없었다. 하라는 그저 기다렸다.

어느새 빗줄기가 잦아들었다. 번개와 벼락도 끝난 것 같았다. 바람만은 여전히 세게 불었다. 사방이 눈 덮인 산과 계곡으로 둘러싸여 있었다. 가까운 언덕마저도 꽁꽁 얼어붙어 있었다. 아무튼 이곳은 아주 높은 곳임에 틀림없어 보였다.

"야크야, 저쪽으로 가야지. 저 언덕 말이야. 바람이 세도 좀 똑바로 걸어 봐."

음, 이제 알 수 있었다.

달마 목소리였다.

우슨 소리지?

"달마!"

하라가 벌떡 일어섰다. 하마터면 센 바람에 날아갈 뻔했다.

"아, 하라! 거기 있었구나. 조금 있으면 이 바람도 그칠 거야."

달마는 희한하게 생긴 동물의 등에 올라타 있었다. 덩치는 소 같은데 털이 길었다. 저 동물은 뭐지?

"이 녀석? 야크라고 하는 동물이야."

역시 달마는 하라의 생각을 읽었다. 그렇다면 굳이 힘들게 입을 열어 말할 필요가 없을 것 같아서 하라는 입을 다물었다. 그리고 속으로 이런 말들을 쏟아놓았다.

'달마! 도대체 왜 이렇게 형편없는 곳으로 날 데려온 거야? 어디든 데려갈 수 있는 능력이 있으면 좀 따뜻하고 편안한 곳으로 데려가란 말이야. 여긴 춥고 배고프고 집도 사람도 없고 재미있는 것도 하나도 없는 곳이잖아! 게다가 왠지 숨도 차다고.'

아니나 다를까, 달마는 하라의 말을 다 알아듣고 대답했다.

"그래도 아까보단 낫잖아. 비도 그쳤고, 벼락도 더 이상 떨어지지 않아. 그리고 벌써 바람도 잦아들었잖아. 조금 있으면 사람들이 먹을 것을 가지고 올 거야. 조금만 기다려."

그러고 보니 사방이 고요했다. 적어도 아까보단 덜 추웠다. 하라는 똑바로 서서 주변을 자세히 둘러보았다. 추위가 덜하니까 사방을 에워싼 눈 쌓인 산들이 무척 아름다워 보였다. 달력 그림에서나 볼 법한 풍경이었다. 하늘은 금세 맑아지고 있었다. 구름이 아주 빠르게 움직였다. 마치 지구가 두 배의 속도로 돌고 있는 것 같았다.

노랫소리가 들려왔다. 하늘을 둘로 쪼갤 것처럼 선명하게 울려 퍼지는 높고 맑은 소리였다. 뒤이어 딸랑거리는 방울 소리가 들려오고, 사람들 모습도 보이기 시작했다. 야크와 사람이 한데 섞여 무리를 이루고 있었다. 야크 등에는 짐이 잔뜩 얹혀 있었다. 사람들은 천천히 걸어 하라와 달마가 있는 곳으로 왔다.

"안녕하세요? 토번 유목민들이시죠? 우리는 잠시 지나가는 나그네예요."

달마가 사람들에게로 다가가 인사를 건넸다. 그러자 오던 사람들이 걸음을 멈췄다. 그러고는 모두들 혀를 쑥 내밀고 두 팔을 번쩍 머리 위로 들어 올려 흔들었다. 아마 그들의 인사법인 모양이었다. 몹시 우스꽝스러워 보였지만, 하라도 인사를 해야 할 것 같아서 그들을 따라했다. 혀를 쑥 내밀고,

두 팔을 들어 흔들고. 그러자 유목민들이 큰소리로 웃었다.

유목민들은 그 자리에서 짐을 풀었다. 어떤 사람은 야크 등에 실었던 자루를 내리고, 어떤 사람은 꾸러미에서 나무로 깎아 만든 그릇을 꺼냈다.

"이번 달은 붉은 달이 뜨는 달이니까 곡식을 아껴야 해요."

머리를 길게 땋은 여자가 말했다.

"그럼 보릿가루 $2\frac{3}{4}$사발과 버터차 $1\frac{4}{5}$사발을 섞어 참파를 만들도록 해. 참파는 모두 몇 사발 나오지?"

수염이 덥수룩한 할아버지가 말했다.

모두들 가만히 앉아 있었다. 아무도 움직이지 않았다. 하라는 이상했다. 명령은 떨어졌는데 왜 아무도 음식을 만들지 않는 거지? 참파가 어떤 음식인지는 몰라도 얼른 좀 먹고 싶었다.

"왜 가만히들 계신 거예요?"
하라가 배고픔을 참지 못하고 물었다.
"계산이 너무 어려워서."
"네에?"
기가 막혔다. 어쩐지 멋지게 분수로 이야기한다 싶더니만 뒷수습이 안 되는 모양이었다.
"계산이 어려워서 밥을 못 먹는다고요? 그럼 차라리 계산이 쉽게 보릿가루 3사발과 버터차 2사발을 섞으면 안 될까요?"
"그건 안 돼! 우리 토번은 얼어붙은 산의 나라야. 식량이 무척 귀한 곳이라고. 세심하게 나누어서 먹지 않으면 겨울에 모두 굶어죽고 말아."

역시나 멋진 얘기였다. 하지만 그래놓고 아무도 계산을 하지 못해 꼼짝도 하지 않았다.
"달마, 좀 도와줘! 이러다간 겨울이 오기도 전에 다들 굶어 죽고 말겠어."
하라가 달마에게 부탁했다.
"쯧쯧, 그럼 내가 분수의 덧셈을 하는 공식을 알려 줄 테니, 계산은 네가 해."
잠자코 있던 달마가 드디어 움직였다. 눈 덮인 산을 향해 공식 구름을 날렸다.

분수의 덧셈과 뺄셈

1. 분모가 다른 두 분수를 더하거나 빼려면 먼저 통분을 한다.
2. 통분은 분수의 분모를 같게 하는 것이다. 최소공배수를 찾아 공통분모로 한다.
3. 그 다음, 두 분수의 분자끼리 더하거나 빼 준다.
4. 대분수일 경우엔 자연수는 자연수끼리, 분수는 분수끼리 계산한다.

"달마, 고마워!"
하라는 공식에 따라 계산을 하기 시작했다.

보릿가루 $2\frac{3}{4}$ 사발 + 버터차 $1\frac{4}{5}$ 사발 = 참파 (　　) 사발.

$2\frac{3}{4} + 1\frac{4}{5} = (2+1) + (\frac{3}{4} + \frac{4}{5})$

: 자연수는 자연수끼리, 분수는 분수끼리.

$= 3 + (\frac{15}{20} + \frac{16}{20})$

: 통분을 한다. 4와 5의 최소공배수 20을 공통분모로.

$= 3 + \frac{31}{20}$

: 두 분수의 분자끼리 더해 준다.

$= 3 + 1\frac{11}{20} = 4\frac{11}{20}$

: 가분수를 대분수로 고쳐 주고 분수를 정리한다.

"여러분, 계산 끝났어요! 참파는 모두 $4\frac{11}{20}$ 사발 나와요."
하라가 소리쳤다.

"잘했어! 훌륭해!"

유목민들이 일제히 일어나 바쁘게 움직이기 시작했다. 분량만큼 보릿가루와 버터차를 섞고 큰 막대로 휘휘 저었다. 다 만든 참파를 한 뭉치씩 떼어 사람들에게 나누어 줬다. 하라도 얼른 한 뭉치를 받아 먹었다. 고소하고 따스했다. 하라는 그제야 만족스런 미소를 지었다.

8 분수의 곱셈

독수리가 전한 소식

가도 가도 황량한 들판이었다. 눈을 돌리면 어디나 눈 덮인 산과 계곡이 보였고, 집들은 어디에도 보이지 않았다. 하늘은 파란 물이 뚝뚝 떨어질 것처럼 새파랬다.

하라와 달마는 유목민들과 함께 길을 가고 있었다. 하라는 어디로 가는지도 모르는 채 방울 소리와 함께 타박타박 걷고 또 걸었다. 식사는 늘 보릿가루와 버터차를 섞은 참파였다. 피곤하고 심심하다고 하라가 속으로 아무리 불평을 해도 달마는 모른 척했다. 다 듣고 있는 게 틀림없으면서도 말이다.

"어머니 눈 산 서쪽으로 큰 바위가 있어요."

머리를 길게 땋은 여자가 말했다.

"어서 가 보세. 올해의 신탁은 무엇일까? 독수리가 전할 소식이 궁금하군."

어머니 눈 산 서쪽에 큰 바위가 보여요!

할아버지가 말했다.

처음에 하라는 도대체 무슨 얘기인지 알아듣기 힘들었다. 한참 동안 머리를 굴리고 사람들의 말을 엿들은 끝에 겨우 뜻을 짐작했다. '어머니 눈 산'이란 산 이름인 모양이었다. 그리고 그 서쪽에 있다는 바위는 일종의 우체통인 것 같았다. 그럼 독수리가 우체부?

유목민 무리는 머지않아 그 바위에 도착했다. 할아버지가 혼자 바위에 다가갔다. 바위 아래에 작은 양피지 조각이 끼워져 있었다. 노인이 양피지를 집어 들고 내용을 읽었다.

"이 땅의 $\frac{3}{4}$에 밭을 만들어라. 그리고 밭의 $\frac{5}{7}$에 유채를 심어라."

노인의 말이 끝나기가 무섭게 유목민 무리는 그곳에 짐을 풀었다. 땅 한쪽에 천막을 치고 살림을 날랐다. 야크를 풀어 놓아 풀을 뜯게 했다. 건장한 청년들은 벌써 괭이를 들고 나와 밭을 갈기 시작했다. 눈 깜짝할 사이에 유목민이 정착민으로 바뀌었다!

하라는 할 일이 없어서 아이들과 놀기 시작했다. 아니, 놀려고 했다. 그때 할아버지가 날카로운 비명을 질렀다.

"앗!"

모두들 깜짝 놀라 일손을 멈추고 노인에게 달려갔다.

"왜 그러세요?"

"무슨 일이에요?"

"어, 어디까지 유채를 심어야 하지?"

노인이 이마를 짚으며 주저앉았다.

"앗!"

"이런!"

사람들도 노인처럼 비명을 질렀다. 그 소리를 듣고 있으려니 하라는 자기도 모르게 한숨이 나왔다.

'이 나라 사람들은 계산도 할 줄 모르면서 대체 왜 어려운 분수로만 명령을 내리는 거야?'

하라는 속으로 투덜거렸다.

자, 그럼 이제부터 밭을 갈아 볼까!

"그야 얼어붙은 산의 나라 토번에는 모든 물자가 귀하기 때문이지. 그래서 세심하게 나누어서 계산하지 않으면 안 된다고."

달마가 하라에게 속삭였다.

"이번에도 역시 내 생각을 읽고 있었군."

하라가 투덜거렸다.

그때였다. 머리를 길게 땋은 여자와 할아버지가 허둥지둥 하라에게 다가왔다.

"하라! 유채밭 계산을 부탁해. 계산이 정확하지 않으면 이번 겨울에 우린 모두 얼어 죽고 말 거야."

머리를 길게 땋은 여자가 말했다. 아주 간절한 목소리였다.

"하, 하지만 분수의 곱셈은……."

하라가 채 거절을 할 새도 없었다. 할아버지가 벌써 사람들에게 선포를 해 버린 것이었다.

"여기 이 하라 님이 계산을 해 주실 것이다. 모두들 잠시 기다려라!"

하라는 한숨을 푹 내쉬었다.

"달마, 분수의 곱셈은 어떻게 하는 거지?"

"어렵지 않아. 분수의 덧셈, 뺄셈보다 오히려 쉬워."

달마는 딴청을 피우듯이 빙글 돌더니 큰 바위에 공식을 새겼다.

분수의 곱셈

1. 분모는 분모끼리, 분자는 분자끼리 곱한다.
2. 약분이 되면 약분을 한다.
3. 대분수는 가분수로 고쳐서 곱셈을 한다.

이제 하라가 계산을 할 차례였다. 하라는 땅바닥에 숫자를 써 가며 계산을 했다.

$$\frac{3}{4} \times \frac{5}{7} = \frac{3 \times 5}{4 \times 7} = \frac{15}{28}$$

"벌써 끝났어!"

하라가 깜짝 놀라 소리쳤다. 이렇게 쉬울 줄은 몰랐다.

"위대한 하라!"

사람들이 환호했다. 하라는 쑥스러워 견딜 수가 없었다. 달마의 공식이 없었다면 계산을 할 수 없었을 테니 말이다.

9 분수의 나눗셈

황금 보리와 토번의 새 왕

노란 유채꽃이 바람에 살랑거렸다. 새파란 하늘과 노란 유채밭이 선명한 대조를 이루며 아름다운 풍경을 그려냈다. 하라는 유채밭을 지나며 뿌듯한 미소를 지었다.
"이 유채밭 크기를 계산한 사람은 바로 나야."
하라는 혼자 중얼거렸다. 자부심이 물밀 듯이 밀려들었다.

얼어붙은 산의 나라 토번은 이제 살 만한 곳으로 바뀌어 있었다. 사람들은 황량한 들판을 일구어 밭을 만들고, 그 주변에 마을을 이루어 살았다. 천막집을 지고 여기저기 돌아다니던 유목민들이 이제는 벽돌집을 지어 모여 살았다.

 어쩐 일인지 날씨까지 좋아졌다. 하늘은 날마다 티 없이 맑았고 따스한 햇볕이 쏟아졌다. 사방을 에워싼 눈 쌓인 산과 계곡은 아름다운 풍경화가 되어 주었다. 어른들은 열심히 일하고 아이들은 뛰놀았다. 그래도 야크를 돌보는 일은 아이들 몫이었다. 아이들은 야크를 몰고 들판을 돌아다니며 풀을 뜯게 했다.

 마을 사람들은 하라를 귀한 존재로 여겼다. 날이면 날마다 하라에게 먹을 것을 가져다주고 든든한 털가죽 옷도 만들어 주었다. 아이들은 하라와 함께 들판에 나가길 좋아했다.
"어려운 분수 문제를 해결해 주었으니 당연한 일이지."
하라의 자만심은 하늘을 찌를 듯이 높아졌다.
"하라, 하늘이 심상치 않은데 그만 집으로 돌아가는 게 어때?"
어느 틈엔가 달마가 곁에 와 말했다.

"뭐? 하늘이 어때서? 파랗기만 한데?"

하라는 힐끗 하늘을 올려다보고 대꾸했다.

"저쪽을 봐."

다시 고개를 젖혀 달마가 가리키는 쪽을 보니, 하늘에 시커먼 구름 같은 덩어리가 잔뜩 몰려오고 있었다. 그런데 구름이라기엔 몰려오는 속도가 너무 빨랐다.

"저게 뭐지?"

"독수리 떼 같은데."

달마의 말이 맞았다. 금세 시커먼 독수리 떼가 하늘을 뒤덮었다.

"으아! 굉장하다. 웬 독수리가 이렇게 많지?"

하라는 온몸을 움츠렸다.

달마와 하라는 서둘러 마을 쪽으로 발길을 돌렸다.

독수리 떼를 만나면 누구라도 기분이 좋지 않은 법이다. 독수리는 시체를 파먹는다고 알려져 있으니까.

마을에 도착하니 사람들이 모두 밖에 나와 하늘을 올려다 보고 있었다.

"독수리 떼다!"

"신탁이 내릴 거야!"

뭔가 기대하는 눈으로 하늘을 쳐다보는 마을 사람들을 보자, 하라는 그제야 기억이 났다.

'참, 그렇지. 독수리는 토번 사람들의 우체부였지. 근데 어디서 소식을 물어오는 걸까?'

곧 하늘에서 양피지가 떨어져 내렸다. 할아버지가 달려가 양피지를 주워들었다.

지금부터 신탁을 읽겠소.

밑변이 $2\frac{2}{7}$ 미터이고 높이가 $1\frac{1}{4}$ 미터인 삼각형과 넓이가 같은 직사각형 모양의 밭을 만들어라.
직사각형의 가로의 길이는 $1\frac{1}{3}$ 미터로 해라.
그 밭에 자연히 황금보리가 자랄 것이다.
황금 보리가 익을 때쯤이면 토번의 새 왕이 탄생할 것이다.

할아버지가 양피지 내용을 다 읽자 사람들이 술렁거렸다.

정말 신탁다운 신탁이었다. 황금 보리니, 토번의 왕이니 하는 말들이 사람들의 가슴을 설레게 할 만했다. 그러나 곧 사람들은 깊은 한숨을 내쉬었다. 분수로 된 계산이 그 어느 때보다도 복잡했던 것이다.

"하라 님!"

할아버지가 대뜸 하라를 보았다.

무슨 얘기를 하려는 건지는 말하지 않아도 알 수 있었다. 분수 계산을 해 달라는 것이겠지.

하지만 하라도 막막하기는 마찬가지였다.

"어서 우리의 황금 보리와 토번의 왕을 태어나게 해 주십시오."

"아, 그게……."

정중히 부탁하는 할아버지 앞에서 계산을 못한다는 말이 도저히 나오지 않았다. 하늘에는 독수리 떼가 소리 없이 날고 있고, 땅에는 마을 사람들의 기대에 찬 눈망울이 모두 하라를 향해 있었다. 정말이지 미칠 노릇이었다. 이럴 때 믿을 구석이라곤 달마뿐이었다.

"달마……."

"왜 불러? 분수 계산이라면 자신 있잖아?"

"하지만 이건 너무 어려워……."

하라의 자만심이 땅바닥으로 곤두박질쳤다.

"우선 삼각형 넓이부터 구해 봐."

하라는 달마 말대로 삼각형 넓이 계산부터 했다. 다행히 삼각형 넓이 공식은 잊지 않았다.

여기서 벌써 막혔다. 하라는 분수의 나눗셈을 어떻게 하는지 몰랐다.

"달마, 분수의 나눗셈은 어떻게 하는 거야?"

하라가 속삭이자 달마는 한숨을 푹 내쉬더니 공식 구름을 하늘에 띄웠다.

분수의 나눗셈
나누는 수의 분모와 분자를
바꾸어 곱셈으로 나타낸다.

"나누는 수가 자연수인데?"
"자연수는 분모를 1이라고 생각하면 돼. 2의 분모와 분자를 바꾸면 $\frac{1}{2}$이 되지."
"알았어, 고마워."

하라는 계산을 계속했다.

$$\frac{20}{7} \div 2 = \frac{20}{7} \times \frac{1}{2} = \frac{10}{7}$$

"됐어! 이 삼각형과 넓이가 같은 직사각형을 만들라고 했으니까, 직사각형 넓이는 $\frac{10}{7}$이야. 직사각형의 넓이 공식은 '가로×세로'니까……."

$$1\frac{1}{3} \times \boxed{} = \frac{10}{7}$$

계산이 또 막혔다. 어떻게 해야 하지? 고맙게도 이번에는 달마가 알아서 도와주었다.

"등식의 성질을 이용해. 양쪽을 $1\frac{1}{3}$로 나누어 주라고."

하라는 끙끙거리며 달마 말대로 계산을 했다.

$$1\frac{1}{3} \times \boxed{} \div 1\frac{1}{3} = \frac{10}{7} \div 1\frac{1}{3}$$

$$\boxed{} = \frac{10}{7} \div 1\frac{1}{3}$$

또 분수 나눗셈이었다. 나누는 수의 분자와 분모를 바꾸어 곱셈으로 만들면 된다고 했지? 어? 그런데 나누는 수가 자연수와 분수로 이루어진 대분수잖아?

고개를 갸웃거리는 하라를 보고 달마가 다시 공식 구름을 띄웠다.

분수의 나눗셈

1. 대분수는 가분수로 고쳐서 계산한다.
2. 계산 중간에 약분할 수 있으면 약분한다.
3. 답이 가분수이면 대분수로 고친다.

공식 구름을 보고 하라는 계산을 계속했다.

$$\frac{10}{7} \div 1\frac{1}{3} = \frac{10}{7} \div \frac{4}{3} = \frac{10}{7} \times \frac{3}{4} = \frac{15}{14} = 1\frac{1}{14}$$

"드디어 끝났어! **직사각형의 세로의 길이는 $1\frac{1}{14}$미터야!** 이제 밭을 만들 수 있어."

하라가 소리쳤다. 정말이지 어려운 계산이었다. 분수의 나눗셈 문제를 다 풀고 나니 마치 높은 산에 오른 기분이었다.

"잘했어."

달마가 씩 웃었다.

할아버지와 마을 사람들이 손을 높이 쳐들고 환호했다. 그들은 이제 황금 보리와 새 왕을 가질 수 있을 것이다.

하라는 너무 기분이 좋아져서 크게 웃었다. 하늘에 떠 있던 독수리 떼가 빙글 한 바퀴 돌더니 멀리 날아갔다. 설산이 빛났다.

10 소수의 덧셈과 뺄셈

미로 골목 추격전

"하비비!"

골목 안에 날카로운 외침 소리가 울렸다. 그러더니 곧 다다 다다 하고 어지러운 발소리가 들렸다. 먼지가 부옇게 일어 안 그래도 비좁은 골목길을 가득 메웠다.

"비켜요, 비켜!"

시장 길에 서 있는 수레와 좌판 사이를 열 살쯤 된 남자아이가 헤집으며 달렸다.

"이 녀석, 거기 서! 망고가 다 엎질러졌잖아."

좌판 앞에 앉아 있던 상인이 남자아이를 뒤쫓을 것처럼 벌떡 일어섰다. 하지만 굴러가는 망고를 주워 모으는 게 더 급했다.

"아저씨, 죄송해요!"

남자아이는 뒤도 돌아보지 않고 마구 골목길을 내달렸다.
 망고 상인이 망고를 다 주워 모아 다시금 진열을 하려 할 때였다. 무릎까지 오는 기다란 검은 옷을 입은 덩치 큰 남자가 쿵쿵거리며 뛰어왔다. 그 남자가 좌판을 밟고 지나가는 바람에 망고가 다시 골목 안을 구르기 시작했다. 하지만 이번에는 상인이 아무 항의도 하지 않았다. 다만 멍하니 그 남자의 뒷모습을 바라보며 이렇게 중얼거릴 뿐이었다.
 "이런! 하비비 녀석 큰일 났네. 무스타파에게 쫓기고 있잖아?"
 꼬마 하비비와 덩치 큰 무스타파의 추격전은 미로 같은 골목 여기저기로 계속 이어졌다. 온 시장 상인들이 혀를 쯧쯧 찼다.
 하라가 미로 같은 골목 안에 갑자기 나타난 건 바로 그 즈음이었다.
 "콜록콜록! 웬 먼지가 이렇게 많아? 골목이 좁아터졌군."
 하라는 먼지를 가라앉히러 팔을 휘휘 저으며 기침을 했다.
 그때 언덕길을 구르는 돌멩이처럼 하비비가 하라 쪽으로 굴러왔다.
 "앗, 어서 비켜!"
 "어어어……!"
 하라와 하비비는 그만 정면으로 부딪치고 말았다.

"아얏!"
하라는 코를 움켜쥐고 뒹굴었다. 하비비도 옆에서 머리통을 감싸고 있었다.
"이 녀석! 드디어 잡았군. 무사히 도망칠 줄 알았냐?"
어느새 뒤쫓아 온 무스타파가 한 손으로 하비비를 답삭 들어 올렸다.
"제발 놔주세요. 더 이상은 못 하겠다고요!"
하비비는 허공에 대롱대롱 매달린 채로 소리쳤다.

"그럴 수는 없지. 자, 이제 문제를 낼 테니 풀어라. 만약 정답을 알아내면, 삽질 스무 번으로 끝나게 해 주마. 답이 틀리면, 밤새도록 삽질을 해야 한다."

무스타파는 기다란 검은 옷을 휙 젖히며 하비비를 땅에 내려놓았다. 하라는 무슨 일인가 싶어 가만히 지켜보았다.

"2.56 + 1.247은 얼마냐?"

무스타파가 문제를 다 말하기도 전에 하비비는 벌써 포기한 듯 어깨를 늘어뜨리고 서서 한숨을 쉬었다.

"소수의 덧셈 문제잖아?"

하라가 중얼거렸다. 수학 시간에 배운 기억이 어렴풋이 났다. 뭔가 중요한 점 하나만 기억하면 어렵지 않게 풀 수 있었던 것 같다. 그런데 그 중요한 점 하나가 뭐였는지 기억이 나지 않았다.

"너 계산할 줄 알아? 그럼 나 좀 도와줘."

하비비가 하라에게 속삭였다.

"어? 알긴 아는데……."

하라는 주위를 두리번거렸다. 달마는 도대체 어디 있는 거야? 하라는 중요한 점을 기억해 내려고 궁싯거렸다. 그때 뚱뚱한 파리 한 마리가 하라의 코앞으로 날아와 윙윙거렸다.

"소수의 덧셈은 간단하잖아."

"달마?"

하라는 파리를 뚫어져라 보았다. 과연 달마였다. 어쩌자고 저렇게 작아진 거지?

"이번엔 파리야? 어쨌든 얼른 공식 좀 가르쳐 줘. 문제를 못 풀면 얘가 밤새도록 삽질을 해야 된대."

"나도 들었어."

파리가 된 달마는 골목에 가득 찬 먼지 사이로 윙 날아갔다. 먼지가 바람에 흩어지며 공식을 나타냈다.

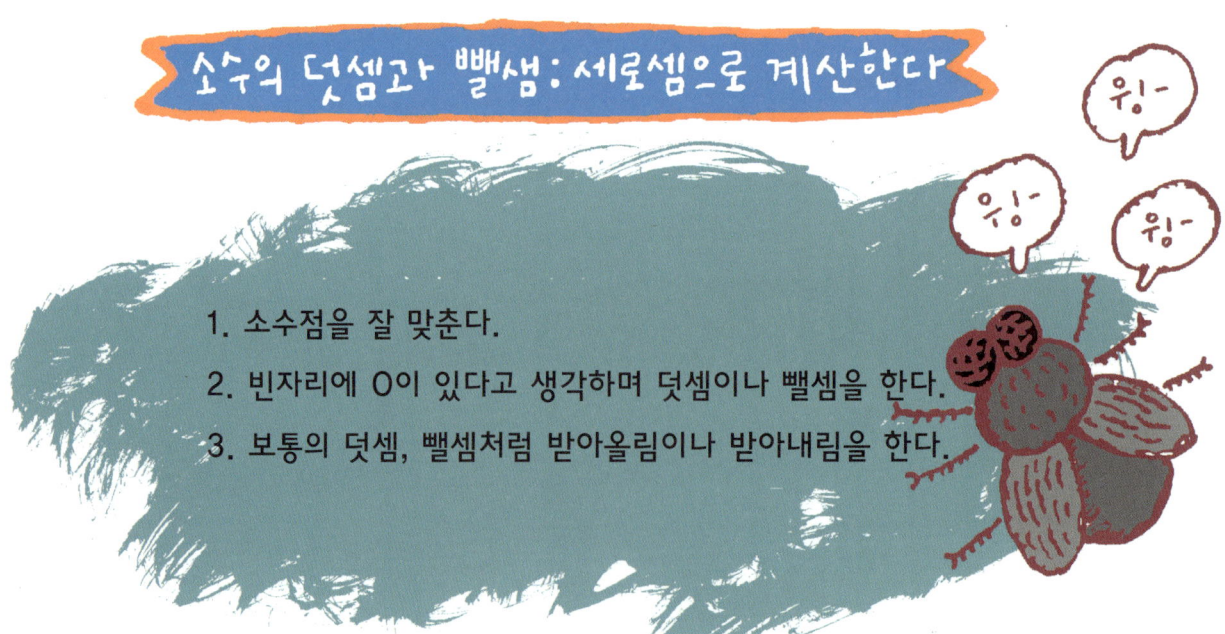

소수의 덧셈과 뺄셈: 세로셈으로 계산한다

1. 소수점을 잘 맞춘다.
2. 빈자리에 0이 있다고 생각하며 덧셈이나 뺄셈을 한다.
3. 보통의 덧셈, 뺄셈처럼 받아올림이나 받아내림을 한다.

"맞아! 중요한 점은 바로 소수점을 맞추는 거였어."

하라는 손뼉을 딱 쳤다. 방법을 알고 나니 계산은 누워서 떡먹기였다. 하라는 쭈그려 앉아 계산을 했다.

$$\begin{array}{r} 2.560 \\ +\ 1.247 \\ \hline 3.807 \end{array}$$

"야, 꼬마! 답은 3.807이야."

하라가 하비비의 귀에 속삭였다.

"무스타파! 답은 3.807이에요."

하비비가 큰소리로 말했다.

"흠, 용케도 맞혔군. 그럼 오늘은 삽질 스무 번이다. 가자!"

답을 맞혔는데도 하비비는 무스타파에게 끌려갔다. 그걸 보고 있자니 하라는 어쩐지 허무하기도 하고, 화가 불끈 나기도 했다. 그래서 골목 안으로 하비비의 뒤를 따라갔다.

11 소수의 곱셈

구덩이 파는 아이들

하라는 미로 같은 좁은 골목을 구불구불 뒤따라갔다. 무스타파에게 잡혀가는 하비비가 어찌나 어깨를 늘어뜨리고 걷는지 뒷모습만 봐도 불쌍했다.
"도대체 어디까지 가는 거야? 쟤한테 어떤 일을 시키려는 걸까?"

하라는 혼자 중얼거렸다.
드디어 골목이 끝나고 도착한 곳은 한마디로 폐허였다. 나무도 건물도 없었다. 누런 흙이 그대로 드러나 있는 땅이었다. 여기저기 작은 둔덕이 보이고 움푹 팬 구덩이도 보였다.

무스타파가 하비비를 그중 한 구덩이로 데려갔다.
 "자, 하비비. 네가 오늘 삽질할 곳은 여기다. 조심조심 파야 한다. 그리고 뭐든 나오면 곧바로 보고를 해라. 알았냐?"
 무스타파는 잔뜩 얼굴을 찡그려 보이며 하비비를 겁주었다. 하비비는 말없이 고개를 끄덕였다. 보아하니 한두 번 해 본 일이 아닌 것 같았다. 하비비가 삽을 들고 구덩이 아래로 내려가자 무스타파는 옷자락을 휘날리며 어딘가로 바삐 사라졌다. 하비비가 삽질을 시작했다. 하라는 구덩이 가까이 다가갔다.
 "하비비! 아무것도 없는 땅을 왜 파는 거야?"
하라가 물었다.
 "여기서 전에 보물이 나왔었나 봐. 오래된 유물 같은 것 말이야. 메소포타미아라나 뭐라나……. 그래서 또 보물이 나올까 싶어 파는 거야."
 "근데 왜 너 같은 꼬마한테 그 일을 시키는 거야?"

"땅을 팔 곳이 많으니까. 저 구덩이들 보이지? 그 안에 모두 애들이 들어가 있어. 열심히 삽질 중이지."

"뭐? 여기는 왜 어른들은 일을 하지 않고 애들만 일을 하니?"

"우린 모두 전쟁고아야. 부모도 형제도 없어. 무스타파가 고아들을 모아서 일을 시키고 그 대신 밥을 먹여 줘."

"음, 아주 나쁜 사람은 아니네?"

"그럴까? 무스타파는 무서운 사람이야. 일을 못하는 아이들은 굶기고 매질해서 들판에 내다 버려."

"뭐라고? 끔찍해라."

하라는 진저리를 쳤다. 하비비가 다시 묵묵히 삽질을 시작했다. 삽을 한번 땅에 박을 때마다 몹시 힘들어 보였다. 그러고 보니 하비비는 무척 마른 아이였다. 무스타파가 밥을 주긴 주는데 아주 조금 주는 모양이었다.

"내가 좀 도와줄까?"

한참 동안 말없이 지켜보던 하라가 말을 꺼냈다.

"뭘? 네가 삽질을 한다고? 관둬. 이건 해 보지 않은 사람은 못해."

하비비가 삽질 스무 번을 끝내자 해가 뉘엿뉘엿 넘어가고 있었다. 때마침 무스타파가 돌아왔다.

"뭐 나온 거 없어?"

"없어요."

"그럼 가 봐."

"저, 저녁밥은요?"

"뭐야? 도망치다 걸린 주제에 밥 타령이냐? 어디 밤새도록 맞아 볼래?"

무스타파가 한 팔을 번쩍 치켜들었다. 그때 하라가 구덩이 안에서 기어 나왔다.

"잠깐만요. 만약 제가 수학 문제를 풀면 하비비에게 저녁밥을 주시겠어요?"

하라가 물었다.

"넌 누구냐?"

무스타파는 잠시 눈썹을 치켜 올리고 하라를 보다가 말했다.

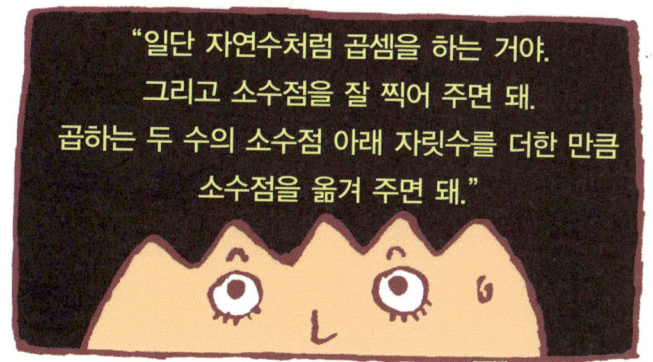

"좋아, 이번엔 아주 어려운 문제를 내주지. 0.5×0.04는 얼마냐?"

헉! 이번엔 소수의 곱셈이었다. 하라는 소수의 곱셈을 어떻게 하는지 생각해 내려고 머리를 쥐어짰다. 달마는 어디로 가 버렸는지 윙윙 소리조차 들리지 않았다. 하비비는 초조한 얼굴로 하라를 쳐다보았다. 하라가 문제를 푸느냐 못 푸느냐에 하비비의 저녁밥이 달려 있었다. 하라는 필사적으로 머리를 굴렸다.

그 순간, 신기한 일이 벌어졌다. 하라의 머릿속에 소수의 곱셈 문제를 푸는 공식이 떠오른 것이었다.

"일단 자연수처럼 곱셈을 하는 거야. 그리고 소수점을 잘 찍어 주면 돼. 곱하는 두 수의 소수점 아래 자릿수를 더한 만큼 소수점을 옮겨 주면 돼."

하라는 계산을 시작했다.

"먼저 5×4=20이야. 0.5는 소수점 아래 자릿수가 하나, 0.04는 소수점 아래 자릿수가 둘이니까 소수점을 세 자리 앞으로 옮겨 주면 돼. 그러면 0.020이지. 소수 맨 뒤에 있는 0은 지워 주는 거야. 그러니까 답은 0.02!"

계산이 끝났다. 하라는 스스로에게 놀랐다. 혹시 달마 파리가 자기 귓속으로 들어간 건 아닌가 싶어서 머리를 옆으

로 기울이고 콩콩 뛰어 보았다. 파리가 기어 나오지는 않았다. 그럼 이걸 스스로 풀었단 말이야?

"오호, 대단한데? 좋다. 답을 맞혔으니 오늘은 하비비에게 저녁밥을 주지. 하비비, 너 운 좋은 줄이나 알아."

무스타파는 자루에서 돌덩이처럼 딱딱한 빵을 꺼내 하비비에게 던졌다. 그거나마 아주 귀한 음식인 모양인지 하비비의 얼굴이 대번에 밝아졌다.

"넌 하늘에서 내려온 천사니? 정말 고마워. 네 덕분에 저녁을 먹게 되었어. 나눠 먹자."

하비비가 말했다.

"난 배 안 고파. 너나 맛있게 먹어."

하라는 배고프지 않았다. 소수의 곱셈을 해낸 뿌듯함 때문이기도 했지만, 차마 하비비의 저녁밥을 나눠 먹을 생각이 들지 않아서였다.

하라는 고개를 돌려 하늘을 온통 붉게 물들이고 있는 노을을 바라보았다.

소수의 곱셈
1. 곱하는 두 수가 자연수가 되도록 소수점을 옮겨 준 다음, 곱셈을 한다.
2. 곱한 결과에다, 처음 옮겨 준 만큼 다시 소수점 자리를 되돌려준다.
3. 소수 맨 뒤에 있는 0은 지워 준다.

12 소수의 나눗셈

무스타파와 커다란 삽

 밤이 되자 하라는 하비비와 다른 아이들과 함께 폐허 한쪽에 쳐 놓은 천막에 잠을 자려고 들어갔다. 하루 종일 삽질을 한 아이들은 드러눕자마자 순식간에 잠이 들었다. 얼마나 피곤했던지 모두들 어른처럼 코를 드르렁드르렁 골았다. 그 소리가 전차 소리처럼 컸다. 하라는 잠을 잘 수가 없어 천막 밖으로 나왔다. 혼자 멍하니 밤하늘의 별을 보고 있던 참이었다.
 "하라! 아까 보니 대단하던데? 이제 나 없어도 되겠다. 혼자서도 문제를 잘 풀더라?"
 파리 크기의 달마가 아니라 보통 크기로 돌아온 달마였다.
 "달마, 이번엔 또 어디서 놀다 온 거야? 만날 말없이 사라지기나 하고."
 하라가 투덜거렸다.
 "그냥 없어진 게 아니야. 다 널 배려해서 사라져 준 거지. 네가 하비비를 따라가기에 일부러 자리를 피해 준 거라고."

달마가 하라 옆에 와 앉으며 말했다.
"아니, 왜?"
"왜라니? 너, 하비비가 마음에 들어서 따라간 거 아니야?"
"무슨 얼토당토않은 소리야? 내가 저런 꼬마를 좋아하기라도 한다는 얘기야?"
"사랑에 나이가 무슨 상관 있겠어? 그래봤자 한두 살 어리겠던데 뭘."
"말도 안 되는 소리 하지도 마. 난 하비비가 무시무시한 무스타파에게 끌려가기에 구하러 따라온 것뿐이라고."
"대단해! 역시 사랑의 힘이란……"
"그만 입 닥치지 못해!"
하라가 달마를 때리는 시늉을 했다.

"이 애들 너무 불쌍해. 무스타파가 애들한테 힘든 일을 시키면서 밥도 잘 안 준대."

"쯧쯧, 그럼 세상 모든 애들이 너처럼 편하기만 한 줄 알았냐?"

"왜 그래? 나도 나름 힘들어. 날마다 수학 시간에 야단맞는 건 쉬운 일인 줄 알아?"

"고작 선생님한테 꾸중 듣는 게 무슨 힘든 일이라고……."

"아, 시끄러워! 저리 가!"

하라가 자리를 털고 일어나자, 달마는 키득키득 웃으며 천천히 구덩이 쪽으로 다가갔다.

"어이구! 애들 정말 힘들겠다. 날마다 이런 구덩이를 판단 말이야?"

"달마, 그러니까 네가 애들 좀 도와줘. 내일 아침에 무스타파가 다시 올 거야. 그때 아주 어려운 수학 문제를 풀어서 애들을 구해 줘."

"알았어, 내가 어떻게 해 볼 테니까 넌 잠이나 자."

"그럼 너만 믿는다."

하라는 천막 귀퉁이를 열고 들어가 구석에서 잠을 청했다. 달마는 밖에서 밤을 샜다. 별을 보며 눈을 깜박거리고 달을 보며 콧노래를 흥얼거렸다. 그게 다 달마 나름의 생각하는 방법이었다. 달마는 꼭 인간처럼 밤마다 잠을 자지 않아도 되었다.

아침이 되자 예상대로 무스타파가 찾아왔다. 무스타파는 "기상!" 하고 소리를 질러대며 아이들을 깨웠다. 아이들이 천막을 들추고 하나 둘 기어 나왔다.

"어서 일해라! 해가 똥구멍을 찌를 때까지 잘 셈이냐?"

무스타파는 소리를 고래고래 질렀다.

아이들은 모두 배고픈 얼굴이었다. 하지만 무스타파는 아침밥에 대해서는 한마디 말도 하지 않았다. 아이들은 힘없는 손으로 삽을 집어 들었다.

"무스타파! 내기 안 할래요?"

하라가 성큼성큼 무스타파에게 다가가 말을 걸었다.
"넌 왜 아직도 여기서 얼쩡거리고 있는 거야?"
"할 거예요, 안 할 거예요?"
"무슨 내기를?"
"아주 어려운 수학 문제 풀기 내기요."
"나더러 수학 문제를 풀라고?"
"아니요, 문제는 제가 풀게요. 무스타파는 문제를 내면 되잖아요."
"그야 좋지. 그런데 뭘 걸고 내기를 하자는 거야?"
"제가 수학 문제를 풀면 이 애들을 모두 풀어 주세요."
"애들을 모두 풀어 달라고? 하하하! 그건 애들이 원치 않을 걸? 여기가 아니면 쟤들이 어디 가서 밥을 먹겠냐?"
"그렇게 생각하세요? 그럼 저 애들한테 한번 물어 보세요."
무스타파는 코웃음을 치며 아이들에게 물었다.
"야! 너희들, 내가 너희를 풀어 줬으면 좋겠냐?"
아이들은 처음엔 섣불리 대답을 하지 못했다. 무스타파가 무서웠던 것이다. 그러나 한 아이가 대답을 하자, 하나둘씩 입을 열기 시작했다.
"네, 맞아요."
"풀어 줘요! 우린 다른 일을 할 거예요."
무스타파는 움찔했다. 고아들이라고 우습게 봤더니 아이들이 어느 새 훌쩍 자란 모양이었다. 아이들은 제 힘으로 살아갈 수 있다고 생각했다.

"흥! 어디 두고 보자. 좋아, 문제를 내겠다. 대신에 네가 문제를 못 풀면 너도 여기서 구덩이를 파야 한다. 알았냐?"

무스타파가 하라에게 말했다.

"좋아요."

하라는 용감하게 대답했다.

"문제다! 163.84÷51.2는 얼마냐?"

듣기만 해도 기가 꺾일 정도로 어려운 문제였다. 하라는 침을 꿀꺽 삼켰다. 자기가 문제를 푸느냐 못 푸느냐에 이 아이들의 자유가 달려 있었다.

"내 그럴 줄 알았지. 소수 나눗셈 문제를 낼 줄 알았어. 그래서 이걸 준비했지."

달마가 하라의 귀에 대고 속삭였다. 그러더니 달마는 곧 커다란 삽을 번쩍 치켜들었다. 삽날에 공식이 적혀 있었다.

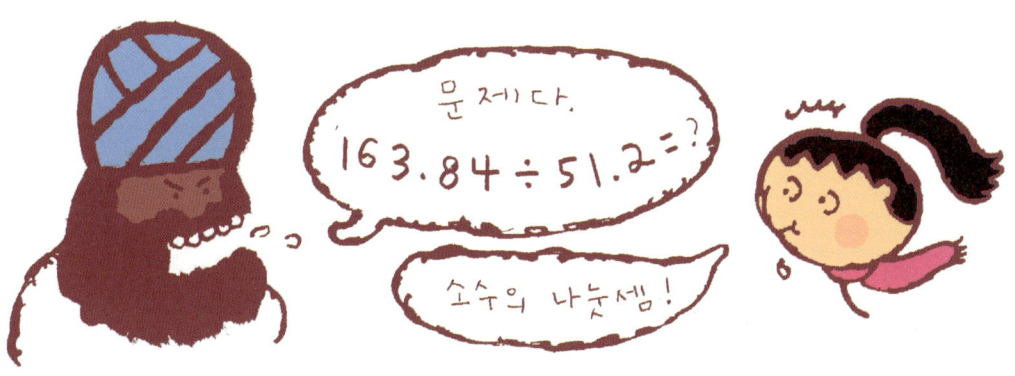

자릿수가 다른 소수의 나눗셈

1. 나누는 수가 자연수가 되도록 나누는 수와 나누어지는 수의 소수점을 오른쪽으로 같은 자리만큼 옮긴다.
2. 자연수의 나눗셈처럼 계산을 한다.
3. 몫의 소수점은 나누어지는 수의 옮겨진 소수점의 위치와 같도록 찍는다.

"달마, 고마워!"

하라는 공식에 따라 계산을 시작했다.

"나누는 수가 자연수가 되도록 소수점을 옮기라고 했지? 나누는 수가 51.2이니까 소수점을 오른쪽으로 한 자리 옮겨야겠네. 그럼 163.84÷51.2가 1638.4÷512가 되지. 이제 나눗셈을 하면……"

"몫의 소수점은 나누어지는 수의 옮겨진 소수점의 위치와 같도록 찍는다고 했으니까, 답은 3.2가 되는 거야."

하라는 순식간에 계산을 마쳤다. 하라는 정말 계산을 잘했다. 공식만 알면 어떤 문제든 푸는 데 문제가 없었다. 그러고 보면 하라는 결코 수학을 못하는 학생이 아니었다.

"훌륭해! 정답이야. 내기에서 이겼어!"

달마가 삽날을 휘두르며 환호했다. 그러자 둘러서 있던 아이들도 펄쩍펄쩍 뛰며 소리를 지르기 시작했다.
"와아! 자유다!"
"이제 더 이상 구덩이를 파지 않아도 돼!"
아이들은 벌써 사방으로 흩어져 폐허를 달렸다. 낡은 삽은 모두 내동댕이쳤다. 하라는 저 애들이 이제부터 어디서 잠을 자고 밥을 먹을지 슬쩍 걱정이 되었다. 구덩이 파는 일이 끝났다 해도 앞길이 편할 것 같지는 않았다. 하라는 부모도 없고 학교도 못 다니는 아이들에게 괜히 미안한 마음이 들었다.
"무스타파, 넌 덩치가 크니까 이 삽을 쓰도록 해."
달마가 공식이 적혀 있는 커다란 삽을 무스타파에게 건넸다. 무스타파는 벌레 씹은 얼굴을 하고 서 있다가 부루퉁한 표정으로 삽을 받아 들었다.
"으…… 흐음!"

헛기침만 요란했다.

"그럼 혼자 열심히 구덩이 파. 우리는 그만 갈게. 하라, 가자!"

달마가 하라의 손을 잡아끌었다.

다른 차원으로 이동하기 직전, 하라는 폐허 쪽을 한번 흘깃 돌아보았다. 하비비가 하라를 향해 열심히 손을 흔들고 있었다. 하라도 마주 손을 흔들어 주었다.

그런데 과연 그 모습을 하비비도 볼 수 있었을까?

13 분수와 소수의 혼합계산

하라의 대변신!

하라는 오늘도 꾸벅꾸벅 고개를 떨어뜨리며 졸고 있었다. 달마와 함께 11차원에서 돌아오는 길이었다. 11차원에서 지구로 돌아오는 방법은 우주선을 타고 오는 것도 아니고, 웜홀을 통과하는 것도 아니었다. 다만 눈을 꼭 감고 마음을 한 점에 집중했다. 그러면 마음 안에 빛나는 무늬가 나타났다. 그 빛나는 무늬의 변화에 따라 몸과 마음을 움직이면 됐다. 하라는 그렇게 환하게 빛나는 무늬를 따라 춤을 추듯 움직이고 있었다. 그때 무언가가 하라의 머리를 툭 하고 건드렸다. 하라는 어쩔 수 없이 눈을 떴다.

"아야! 누구야?"

"누구냐고? 나다, 네 선생님! 또자, 너 또 자냐?"

과연 선생님이었다. 그렇다면 지금은 수학 시간? 바로 그랬다. 하라는 어느 새 지구로 돌아오고 만 것이다.

"아, 선생님."

"좋아, 넌 다 알고 있으니까 잠을 자는 거겠지? 그렇다면 이 문제를 풀어 봐라!"

선생님은 빠른 걸음으로 칠판 앞으로 다가갔다. 그리고 분필을 힘차게 집어 들더니 칠판에 문제를 적었다.

$$3.5 - 2\frac{1}{4} \div 1.5 \times \frac{3}{8} + 1\frac{3}{4} =$$

그럼 어디 풀어 보실까.

우어어어어!

한마디로 어마어마한 문제였다. 아이들 입에서 놀라움의 함성이 터져 나왔다.

"우어어어!"

"대체 어디서부터 푸는 거야?"

"하라, 너 이제 죽었다."

하라는 말없이 칠판 앞으로 다가갔다.

'혼합계산인데다가 분수와 소수까지 섞여 있잖아? 장난 아니네?'

하라는 용감하게 분필을 집어 들었다.

"덧셈, 뺄셈과 곱셈, 나눗셈이 섞여 있을 때는 곱셈, 나눗셈부터 먼저 계산해야 해. $2\frac{1}{4} \div 1.5 \times \frac{3}{8}$ 을 먼저 계산하면 돼."

하라의 입에서 저절로 공식이 흘러 나왔다.

"우아!"

아이들 입에서 또 다시 함성이 쏟아졌다.

"분수와 소수가 섞여 있는 혼합계산은 분수를 모두 소수로 고치거나, 소수를 모두 분수로 고친 다음 계산해야 해. 그런데 소수로 고쳐 계산할 때는 나누어떨어지지 않을 수 있으니까 분수로 고쳐 계산하는 게 더 정확해."

하라는 곧바로 칠판에 식을 쓰기 시작했다.

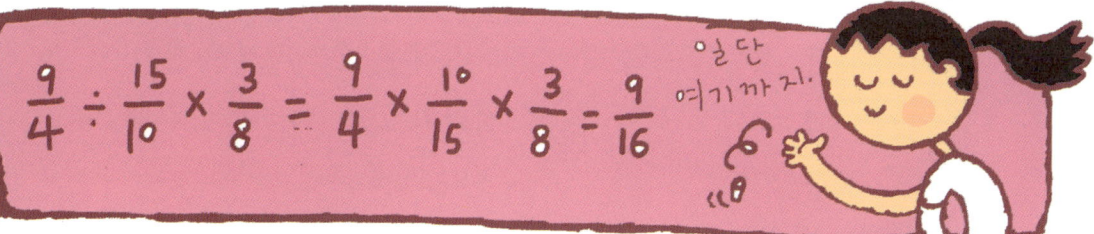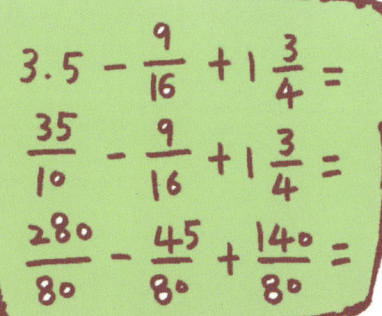

$$2\frac{1}{4} \div 1.5 \times \frac{3}{8} = \frac{9}{4} \div \frac{15}{10} \times \frac{3}{8} = \frac{9}{4} \times \frac{10}{15} \times \frac{3}{8} = \frac{9}{16}$$

여기까지 계산했을 때 벌써 아이들은 놀라서 입을 다물지 못했다. 뒤로 나자빠진 아이도 있었다. 선생님도 놀라긴 마찬가지였다. 모두들 숨을 죽이고 하라의 손끝만 지켜봤다.

"곱셈과 나눗셈 부분이 $\frac{9}{16}$로 정리되었으니까, 이제 전체 식을 계산해야지."

하라는 거의 놀이를 하고 있는 것처럼 경쾌한 목소리로 말했다.

$$3.5 - \frac{9}{16} + 1\frac{3}{4} = \frac{35}{10} - \frac{9}{16} + 1\frac{3}{4} = \frac{280}{80} - \frac{45}{80} + \frac{140}{80}$$

$$= \frac{375}{80} = 4\frac{11}{16}$$

"다 풀었다! 선생님, 답은 $4\frac{11}{16}$ 이에요."

하라가 방긋 웃으며 말했다. 선생님은 너무 놀라서 아무 말도 할 수 없을 지경이 되어 있었다.

"어? 혹시 제 답이 틀렸어요?"

"아, 아니다. 정답이야. 그, 그런데 또자 네가 어떻게 된 거냐? 갑자기 이렇게 수학을 잘하다니, 무슨 비법을 쓴 거지?"

"수학 공식을 공부했거든요. 그리고 제가 원래 계산은 좀 하잖아요."

하라는 한껏 으스대며 대답했다. 그렇게 잘난 척을 하는데도 선생님도 친구들도, 아무도 비웃지 않았다. 모두들 충격에 휩싸여 멍한 눈으로 하라를 볼 뿐이었다. 하라는 기분이 아주 좋았다.

자리로 돌아오는데, 언뜻 달마 생각이 났다. 뭐, 하라도 모든 게 달마 덕분이라고 이야기하고 싶지만, 이야기해 봤자 아무도 믿지 않을 게 틀림없었다. 그러니까 하라가 꼭 달마를 배신한 건 아니다. 그냥 좀 보호해 준 거라고 해야 하나? 그런 생각을 하고 있는데 달마가 교실에 나타났다. 맨 처음 나타났을 때처럼 둥근 몸매의 달마가 반투명한 모습으로 교실 허공에 떠 있었다.

"어, 달마!"
"쉿! 조용히 해."

달마는 웃고 있었다. 역시 달마는 마음도 넓었다. 자기 칭찬을 해 주지 않는다고 서운해 하는 그런 속 좁은 인간하고는 달랐다.

"하라, 축하해! 이제 정말 내가 너를 떠나도 되겠어. 바이바이!"

달마가 하라의 귀에 속삭였다.

"뭐? 어디로 가는데?"

"다음 수학 꼴찌를 찾아서!"

"뭐라고?"

달마는 혀를 쏙 내밀더니 둥실둥실 허공을 떠다니다가 점차 희미해졌다. 그 모습을 보고 있자니 어쩐지 하라의 마음이 울적해졌다. 그동안 알게 모르게 정이 많이 든 모양이었다. 이제 우주 여행도 차원 여행도 끝이려나? 하라는 섭섭한 마음을 몰래 달랬다.

달마가 떠난 자리에는 공식만 덩그러니 남았다.

분수와 소수의 혼합계산

1. 분수를 모두 소수로 고치거나, 소수를 모두 분수로 고친다.
2. 소수로 고쳐 나누어떨어지지 않을 때는 분수로 고친다.
3. 보통 혼합계산의 순서에 따라 계산한다.

　＊괄호 → 곱셈, 나눗셈 → 덧셈, 뺄셈

정보 4

연산 영역의 공식 ②
– 비와 비례식

3과 6의 비, 3의 6에 대한 비,
6에 대한 3의 비 ➡ 3:6
(쓰기 ➡ 3:6   읽기 ➡ 3대6)

비율 = $\dfrac{\text{비교하는 양}}{\text{기준량}}$

3:6 ➡ 3÷6 = $\dfrac{3}{6}$ = $\dfrac{1}{2}$ (비율의 분수 표시) = **0.5** (비율의 소수 표시)

비례식 : **2:3 = 4:6**과 같이 비의 값이 같은 두 비를 등식으로 나타낸 식
2:3에서 2와 3을 비의 **항**이라 하고, 앞에 있는 2를 **전항**, 뒤에 있는 3을 **후항**이라 한다.
2:3 = 4:6에서 바깥쪽에 있는 두 항 2와 6을 **외항**이라 하고, 안쪽에 있는 두 항 3과 4를 **내항**이라 한다.

비의 값 : 기준량을 1로 볼 때의 비율
백분율 : 기준량을 100으로 할 때의 비율, 기호 %(퍼센트)를 써서 나타낸다.
백분율(%) = 비율 × 100

비의 성질 : 전항과 후항에 0이 아닌 같은 수를 곱하거나 나누어도 비의 값은 달라지지 않는다.
비례식의 성질 : 외항의 곱과 내항의 곱은 같다.

할푼리 : 비율을 소수로 나타낼 때, 그 소수 첫째 자리를 **할**, 소수 둘째 자리를 **푼**, 소수 셋째 자리를 **리**라고 한다.

연비 : 셋 이상의 양의 비를 한꺼번에 나타낸 것
두 비를 하나의 연비로 나타낼 때는 공통인 항의 수를 같게 하여 구한다.

연비의 성질 : 연비의 각 항에 0이 아닌 같은 수를 곱하거나 나누어 간단한 자연수의 연비로 나타낼 수 있다.

비례배분 : 전체를 주어진 비로 나누는 것
전체 a를 **가 : 나 = b : c**로 비례배분하면,

가: $a \times \dfrac{b}{b+c}$

나: $a \times \dfrac{c}{b+c}$

연비 비례배분 : 전체를 주어진 연비로 나누는 것
전체 a를 **가 : 나 : 다 = b : c : d**로 비례배분하면,

가: $a \times \dfrac{b}{b+c+d}$

나: $a \times \dfrac{c}{b+c+d}$

다: $a \times \dfrac{d}{b+c+d}$

동화로 읽는 마법의 수학 공식

펴낸날	초판 1쇄 2010년 5월 10일
	초판 5쇄 2017년 7월 10일
지은이	김수경
그린이	우지현
펴낸이	심만수
펴낸곳	(주)살림출판사
출판등록	1989년 11월 1일 제9-210호
주소	경기도 파주시 광인사길 30
전화	031-955-1350 팩스 031-624-1356
홈페이지	http://www.sallimbooks.com
이메일	book@sallimbooks.com

ISBN 978-89-522-1375-4 73410

살림어린이는 (주)살림출판사의 어린이 브랜드입니다.

※ 값은 뒤표지에 있습니다.
※ 잘못 만들어진 책은 구입하신 서점에서 바꾸어 드립니다.

사용연령	8세 이상	제조국	대한민국
제조년월	2017년 7월 10일	제조자명	(주)살림출판사
연락처	031-955-1350		
주소	경기도 파주시 광인사길 30		
주의사항	책을 던지거나 떨어뜨리면 모서리에 다칠 우려가 있으니 주의하세요.		

KC마크는 이 제품이 공통안전기준에 적합하였음을 의미합니다.